Cantiere Italia: idee di successo dal mondo

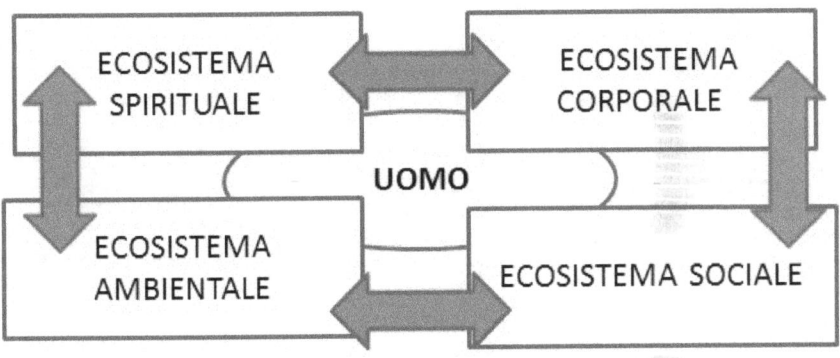

*(il futuro è nel presente
e quindi è
PROSUMERZEN !!!)*

Paolo Dealberti

ISBN:1517427894
ISBN-13:9781517427894

A mio nipote Michelangelo che appartiene alla generazione di persone che potrà scegliere se vivere e lavorare nello spazio.

PROJECT EDITING ON DEMAND:OVVERO UNA DOPPIA SOSTENIBILITA´

Tutti i libri pubblicati in questa dimensione editoriale fanno parte del Project Editing On Demand,(PEOD).

PEOD e´finalizzato ad ottenere una duplice sostenibilità´agendo sia nell´Ecosistema Ambientale che in quello Sociale

Sostenibilità1: Ecosistema Ambientale

La sostenibilità si ottiene mediante le seguenti azioni concrete:

a) La vendita solo mediante Amazon e canali correlati al fine di evitare la creazione di Co2 con la movimentazione nei canali intermedi della filiera di vendita editoriale, (distributori e librerie)

b) Una innovativa strutturazione del layout del libro che consente di risparmiare la carta evitando inutili pagine bianche tra le varie parti del libro

c) E-books, (da settembre), con un layout che sia in grado di soddisfare la cacofonia di hardware, (i differenti formati dei monitor), e software, (i differenti sistemi operativi)

Sostenibilità2: Ecosistema Sociale

La sostenibilità questo caso è finalizzata a conseguire una vera fruibilità democratica dei libri abbattendo la barriera d´ingresso del costo.

Il tutto mediante due azioni concrete:

a) La vendita online consente di ottenere una filiera corta distributiva che ha anche il beneficio di ridurre il prezzo finale by-passando la distribuzione tradizionale. Nel pratico si vende ad un prezzo in media inferiore di almeno il 50% abbattendo la barriera di ingresso del costo

b) La concessione della riproduzione per fini non commerciali avviene sotto la regolamentazione della normativa più democratica esistente al mondo per quanto riguarda l´utilizzo delle opere di ingegno.

Una normativa che da un lato tutela chi le ha create e dall´altro e contemporaneamente non limita la loro diffusione/utilizzo in altri contesti. Pertanto tutti i testi sono da considerarsi sotto il regime del Copyright Fair Use vigente nella normativa degli USA

Se da un lato è giusto in un´ottica privatistica/singolo che chi abbia delle idee ci guadagni essendo il frutto del suo ingegno dall´altro è non meno giusto in un´ottica pubblica/collettiva che questo guadagno non si tramuti ne´ in una barriera economica di accesso ne ´tantomeno in un consumo dell´ambiente.

Del proprio ingegno si deve sia guadagnare che condividere il più possibile.

PEOD dimostra con la logica del business che questo e' possibile ... solo a volerlo!

Un approccio sostenibile in una dimensione Prosumerzen.

Tutti i libri di Paolo Dealberti sono catalogati presso la Biblioteca del Congresso degli Stati Uniti d´America. Dello stesso autore per i tipi di Jewir ed in vendita in Amazon per consentire sia un prezzo democratico che il minimo impatto ambientale possibile.

Romanzi

La Saga degli Speculari:

- Etnia Avatar

- Obbiettivo: Fermare Obama

- Humanpolitics

Di prossima pubblicazione de La Saga degli Speculari:

- Grecia: debito 2.0

- Utopia Reale

Saggi:

In Italiano:

- Governi Pubblici Vs. Governi Non Statali. La vera guerra che attraversa il mondo
  - Italia: Responsabilità1.0
  - Cantiere Italia: idee di successo dal mondo *Cantiere Italia:idee di successo dal mondo (il futuro è nel presente e quindi è PROSUMERZEN !!!)*

In Inglese:

- Legitimacy

- State Actors Vs. Not State Actors, (2 volumes)

Di prossima pubblicazione:

- AK 47: Noi Vs. Noi (vincere contro il terrorismo e perdere contro il terrore)

- Prosumerzen,Life style 2.0

- Pulsazioni del Mondo: cultura,geo-politica,geo-economia

Potete seguirlo presso **www.appealpower.com**

Indice

L' Italiano è il più intelligente del mondo.

L' unico limite alla sua intelligenza è la sua furbizia.

(Henry Kissinger)

Introduzione

L' innovazione è il frutto della tecnologia contestualizzata in un dato ambiente e tempo che riesce a spostare in avanti i confini del possibile applicando al presente uno dei futuri possibili.

Nel 320 AC fu scoperto che scaldando dei liquidi,ovvero generando del vapore,si generava della forza motrice ma non fu utilizzato perché in un mondo pieno di schiavi non serviva. La tecnologia fu dimenticata al punto da non essere ripresa durante la 1. Rivoluzione Industriale del XII che si basò sulla forza dei mulini a vento ed acqua.

Nel XIX la sostenibilità dei commerci si scontrava col fatto che per costruire una nave ci volevano non meno di 2.000 alberi. Poi la guerra civile americana introdusse le navi di metallo a vapore ed il problema si risolse da solo.

Il crescente addensamento urbano iniziato dalla fine del XVII a causa della 2. Rivoluzione Industriale sembrava divenire insostenibile anche a causa del fatto che le città si estendevano in maniera orizzontale.

Sebbene da secoli,come dimostravano le cattedrali,la umanità sapesse costruire edifici alti decine di metri questi erano inutilizzabili per l' uso abitativo proprio per il fatto che si ergevano in verticale.

In parole povere nessuno avrebbe abitato in case di 4 o 5 piani se ogni giorno doveva fare le scale ... .

Poi nel 1857 a New York l' Ing. Otis risolse il problema costruendo il primo ascensore ed a Chicago si costruì il primo grattacielo della storia alto 86 metri.

Nel 1956 F. A. Wright disegnò un grattacielo altro un miglio ma solo nel 2015 la divisione ascensori della Thyssen ha annunciato di essere in grado di costruire un ascensore per edifici di queste dimensioni.

E da quel momento è possibile la costruzione di grattacieli-villaggio di questo tipo. Grattacieli - villaggio come il Marunouchi Building costruito 15 anni orsono a Tokyo.

Ovvero il consolidare il trend una nuova e rivoluzionaria modalità abitativa che vede un villaggio in verticale fare parte di un quartiere in una città. Un trend nato 15 anni orsono in Giappone.

In un mondo sempre più affollato ed affamato la disponibilità di terra è fondamentale.

Un problema per la sostenibilità del nostro sviluppo. Un problema che sembra iniziare ad avere una soluzione se pensiamo che:

- a Barcellona hanno concepito fattorie galleggianti da almeno 2.2 milioni di metri quadrati,(ovvero di medie dimensioni),per coltivare ed allevare sia fauna e flora terrestre che marina

- da almeno 20 anni si dispone della tecnologia per creare isole artificiali abitabili,(dall' aeroporto di Tokyo ai condomini in Dubai),come pure di navi-villaggio in grado di ospitare delle comunità di 28.000 persone...ma siamo politicamente pronti a queste mini-città abitate da elite di apolidi che vivono con un regime giuridico e fiscale tutto loro quanto parallelo? Ovvero il problema non è né la fattibilità tecnica e né quella finanziaria del progetto ma quella "politica",(*sarà il tema del 5. romanzo de La Saga degli Speculari che scriverò nel 2016 con autorizzato co-protagonista il Google Top Ranked Futurist Thomas Fray che ebbe questa idea ad un convengo della World Bank a Dubai nel 2008*) .

-si possono creare città auto-sostenibili ecologicamente con l' energia solare come Masdar City,(Abu Dhabi),ed andare a vivere nel deserto

-o copiare l' esempio di Monaco di Baviera creando 15 linee di metropolitana 24/7 che collegano fino a 40 Km dal centro integrandole con un aeroporto che diviene un vero e proprio quartiere della città dove fare la spesa la domenica mattina o trovare spazi sociali di aggregazione

Il mondo da sempre ha sentito il bisogno di avere informazioni diffuse.

Il primo giornale internazionale che era pubblicato con la stessa edizione in Inglese in contemporanea in 20 città fu l' International Herald Tribune fondato da James Gordon Bennett Jr. a Parigi. E da Parigi con il telegrafo ed il cablogramma inviavano i testi alle 20 stamperie in giro per il mondo... era il... 4 ottobre 1887!

O pensare che la globalizzazione contemporanea sia nata il 7/6/1944 mentre la globalizzazione come processo storico è nata quando iniziò l' emigrazione dai primi insediamenti in Africa. Se fa sorridere pensiamo al fatto che nelle dogane di Roma nel II AC vi erano menzionate rarissime e costosissime spezie che arrivavano dall'

Australia.Per capirlo non si devono scomodare né le civiltà aliene, né Atlantide od i Templari ma "semplicemente" pensare al fatto che da millenni nel Pacifico commerciavano con le coste Australiane e da lì i mercanti poi portavano i prodotti in giro per il mondo.

Perché il 7/6/1944?

Il giorno dopo lo sbarco Normandia,(il D-Day), sull' unico quotidiano internazionale,l'International Herald Tribune, apparve un articolo a spalla dei caratteri cubitali che annunciavano lo sbarco.

L' articolo diceva che in un mondo sempre più integrato era importante pensare ad un' associazione che portasse ad un unico tavolo sia i produttori che i consumatori di petrolio.

Il pensare che il giorno dopo dell' operazione militare che diede il colpo finale al dominio nazi-fascista dell' Europa questo editoriale dovesse dire qualcosa di così importante da meritare un posto di rilievo accanto ai caratteri cubitali sul D-Day nell' unico quotidiano internazionale esistente la dice lunga... .

La C02 ucciderà il pianeta... salvo poi che l' Università della California nel 2014 ha costruito il un laser che converte l' anidride carbonica in ossigeno.

Un laser che può essere usato per costruire dei filtri per le industrie come pure per le abitazioni ed ogni veicolo abbattendo le emissioni a zero.

Ma non solo dato che può volare con droni che si alimentano ad energia solare. Droni che volando a quota sub-orbitale,quindi,non intralciano con le vie aeree, possono ripulire l' atmosfera.

Il mondo non avrà energia dato che il petrolio finisce ... salvo che il leader mondiale nella tecnologia per l' uso del vento troposcopico,ovvero il vento in quota,ha trovato i fondi in Arabia Saudita,(per inciso un' azienda Italiana).In ogni momento del giorno l' energia prodotta dal vento in quota è pari a circa 100 volte il fabbisogno annuo del pianeta ed è utilizzabile dagli edifici ai veicoli.

Tutti questi esempi e molti altri ancora ci portano a riflettere sulla apparente caoticità in cui viviamo il nostro rapporto con la tecnologia.

Da un lato siamo intrappolati dal fanatismo demenziale ed inconcludente quanto pericoloso di chi considera la tecnologia come la soluzione per ogni problema.

In estrema sintesi:non dobbiamo preoccuparci dato che,prima o poi nel lungo termine,la tecnologia troverà una soluzione.

Ad esempio:le acque sono inquinate?

Nessun problema la tecnologia,prima o poi, troverà il modo di modificare la flora e la fauna in modo che la si possa allevare e coltivare in acque inquinate ottenendo alimenti non nocivi per la nostra salute. **<u>Folle!!!</u>**

Prima o poi?

Peccato che abbia ragione Keynes quando dice che " il lungo termine è indicatore fuorviante per le vicende correnti. Nel lungo termine saremo tutti morti".

E questo ci porta al secondo tipo di fanatismo non meno demenziale ed inconcludente quanto pericoloso.

Il fanatismo di chi considera la tecnologia come diabolica, il male assoluto da cui rifuggire.

Nel farlo parla di un fumoso passato bucolico.

Fumoso dato che non esiste dato che viene costruito un passato per legittimare nel presente la scelta rispetto ad uno dei tanti futuri possibili.

Fumoso perché qualsiasi livello di "bucolicità" ha comunque sempre richiesto una tecnologia ... altrimenti non si producevano i flauti con cui *flautare* e le caprette non potevano *caprettare* nei campi bucolici.

Fumoso perché viene da elite,(**che propugnano DA elite),**una cosiddetta de-crescita felice che in realtà ricorda troppo l' immobilismo sociale medievale.

Nel medioevo le elite dicevano di non cercare altre vie e di rimanere felici nel proprio status sociale in funzione della ricompensa di un mondo migliore post-morte.

Intanto in questo mondo loro erano sopra e gli altri sotto e sicuramente loro vivevano felici e contenti... .

Se si guadagna almeno 5.000€/mese,(e tutti questi teorici della de-crescita felice li guadagnano),si può felicemente rinunciare al 10% del proprio reddito e escrescere felicemente.

Ma se se ne guadagnano 800-1.200€/mese?

Se,come tutti loro,si abita in confortevoli case nei "quartieri giusti" od in ville in aree bucoliche si può rinunciare al 10 o 20% del proprio spazio abitativo...ma se si abita in 50-80 mq in quartieri un "po' meno giusti"?

In realtà questa visione divide il mondo tra chi è sopra,(loro), e chi è sotto,(noi).

Inoltre tutti loro NON rinuncerebbero a nessuna tecnologia "diabolica" per curarsi... .

Il fatto che ,da almeno una generazione,ci si ritrovi "persi" in questo caotico quanto inconcludente dibattito è,purtroppo,la conseguenza di un vuoto culturale e progettuale tutti-partisan **in cui la paura si è sostituita alla proposta**.

Dimmi di che hai paura e ti dirò chi sei.

Per capirci un esempio che prendo da un libro che ho scritto nel 2012,("*Governi Pubblici vs. Governi Non Statali: la vera guerra che attraversa il mondo*"),in cui ho previsto sia il declassamento del Brasile/BRICS che la crisi finanziaria Cinese dell' estate del 2015.

"*Il Bilan Geostrategique 2010 edito da Le Monde / International Institute of Strategic Studies inizia dicendo che ogni epoca ha la sua teoria che spiega tutto e poi ci sono le mode geopolitiche del momento. Sembra che viviamo in un mondo dove le mode diventano teorie. Circa ogni due anni il mondo sembra affrontare la crisi finale ,(od almeno una mai così grave), e tutto si rimescola. Sembra ... . Se si considera il breve lasso di tempo tra il 1987 ed il 2010 abbiamo avuto* 19 crisi epocali,*(ovvero sarebbe come dire* in media una ogni 22 settimane *ed ovviamente ogni crisi aveva ed ha la sua teoria ed un mondo nuovo e definitivo da descrivere). Facciamo un breve riassunto :*

1987 crisi delle borse in ottobre
1990 implosione del Giappone
1994/5 crisi del debito Messicano
1997 crisi finanziaria Asiatica
1998 crisi del debito Russo
1998 collasso dell´hedge fund TLCM
1999 crisi del debito Brasiliano
1999 Guerra della NATO contro la Yugoslavia che sancisce l´intervento armato umanitario come limitante la sovranità di una Nazione
1999 Millenium Bug ...
2000 crash borsistico del Web 1.0
2001 ...9/11
2001 crisi del debito della Turchia e dell´Argentina
2001 guerra in Afganistan
2003 guerra in Irak
2003 estate torridissima con incendi ,centinaia di morti per il caldo ed esplosione mediatica sulla fine del mondo per cause ambientali
2006 Pandemia 1
2008 9/15 e crisi finanziaria USA
2009 Pandemia 2
2009 crisi finanziaria
2010 la Cina ha il suo primo deficit commerciale e si inizia a parlare di un mondo post – Cina ... per inciso senza che si sia mai creato quello" China controlled"

Se ogni 22 settimane il mondo si riscrive qualcosa non funziona!!!

Forse si e´perso il senso dell´equilibrio"

Il senso dell' equilibrio... appunto.

Se oggi pensiamo che l' emergenza umanitaria sia la fine del mondo che dire se ci ricordassimo quello che si scriveva nel 1999 pensando che alle 0.01 del 1/1/2000 il mondo si sarebbe ritrovato senza computer a causa del Millenium Bug.

Le multinazionali richiedevano a ci faceva le pulizia di provare di avere sistemi informatici a prova di Millenium Bug ed al contrario dell' attuale crisi umanitaria fu percepito da tutti,e non solo dai paesi dell' UE,come un problema globale. A conferma il fatto che tutti i paesi del mondo tranne l' Afghanistan Talebano aderirono ad un' iniziativa anti-MIllenium Bug dell' ONU... .

Ma chi se lo ricorda?

Appunto...chi se lo ricorda in un mondo dove una **neo-lingua impoverita e destrutturata**,(che ricorda troppo la *newspeak* di 1984 di Orwell), impedisce di strutturare pensieri complessi dovendo comunicare con 140 caratteri "faccettine" incluse.

Se qualcuno storce il naso al paragone della lingua delle slides e dei messaggini con una sorta di neolingua Orwelliana di limitiamo sommessamente a chiedergli di riflettere sul fatto che da anni l' esercito USA ha impedito di usare le slides per le analisi di scenario/strategie. Le slides vanno bene per i comunicati stampa la questa lingua impoverita e destrutturata NON può esprimere la complessità della realtà.

O pensiamo a note riviste con un target di cultura medio - alta che indicano in 6-7 minuti il tempo medio di lettura di 1 paginetta che parla di banalità assortite nel contesto di una intervista ad una star...ovvero il (lunghissimo) tempo necessario a leggere ed a metabolizzare delle frasi compiute di più di 140 caratteri da parte di chi vive tra messaggini,email cortissime e slides.

Ed un mondo dove si confonde l' informazione con la comprensione.

Tra l' Enciclopedia degli illuministi Francesi e Wikipedia la sola differenza e' quantitativa ma non qualitativa ed e' bene ricordarcelo.

Wikipedia è fruibile sempre e dovunque ma ognuno di noi aveva in casa una enciclopedia e dei dizionari che i nostri genitori avevano saggaimente comprato per investire in...informazione.

Quindi ed ancora una differenza quantitativa.

Si hanno più informazioni in maniera più facilmente fruibile ma non per questo si ha maggiore comprensione.

Anzi...il contrario.

Stiamo delegando le nostre facoltà intellettiva all' automatismo delle Apps e pensiamo che non serve conoscere tanto basta digitare e troviamo 200 parole e qualche foto e/o video che ci dicono tutto di tutti.

Tutto di tutti?

O quello che chi ha scritto vuole dire di "*tutto e di tutti*" ?

La seconda...e deve farci riflettere.

Come ne usciamo?

Con l' equilibrio consci del fatto che la sola vera tradizione sia che le cose ... cambiano.

E cambiano partendo dalla tradizione.

Ovvero,e qui un altro abbaglio del mondo a 140-caratteri, partendo dal locale per divenire globale.

Ovvero prima e sempre **LOCGLOB** ,(locale che diviene globale),e poi **GLOBLOC**,(ovvero   globale che diviene locale).

Che si tratti del movimento filosofico SlowFood nato in una cittadina delle Langhe che del movimento rapper nato nelle strade dei quartieri poveri USA.

Locali...poi divenuti globali grazie ad una dinamica LOCGLOB e poi ri-divenuti locali,nei vari locali, con una di tipo GLOBLOC.

Locali?

Si appartenendo ai vari locali del mondo. Un concetto quello di **APPARTENENZA** che è ben più forte di quello di identità.

Perchè più forte?

L' identità presuppone la dinamica del riconoscere e del riconoscersi.

**L' appartenenza aggiunge quella socialmente
fondamentale dell'essere riconosciuti.**

Ed e' l' essere riconosciuti che fa si che il "locale" divenga "globale,(LOCGLOB), per poi divenire "locale nei locali",(GLOBLOCAL),ovvero essere ri-conosciuto come appartenente all**E** identità di quei locali.

Un trend che monitoriamo in *www.appealpower.com* dove abbiamo individuato le <u>296 città leader</u> che definiscono,a partire dei propri locali,le varie forme di modernità del pianeta,(da una cittadina delle Langhe in cui è nato lo SlowFood ad una sulle rive dell' Atlantico in cui ha sede un fantasmagorico museo come il Guggenheim...)

Equilibrio quindi,ma come?

Con un approccio **Prosumerzen**.

La visione Prosumerzen sta alla sostenibilità come il Soft/Smart/Appeal Power stanno alla geopolitica ed all' immagine percepita di brand,città,regioni,nazioni od il Leverage Communication Power alla comunicazione.

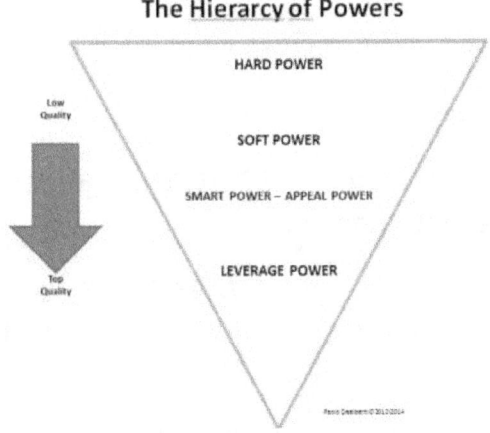

(La gerarchia delle forme di potere nel XXI - Paolo Dealberti©)

Che cos'è l' approccio Prosumerzen,(od anche Zenprosumer)?

Considerando che la vera sostenibilità si ottiene solo e soltanto se si rispettano sinergicamente le 4 sostenibilità che compongono l' essere armonico e dinamico della nostra vita

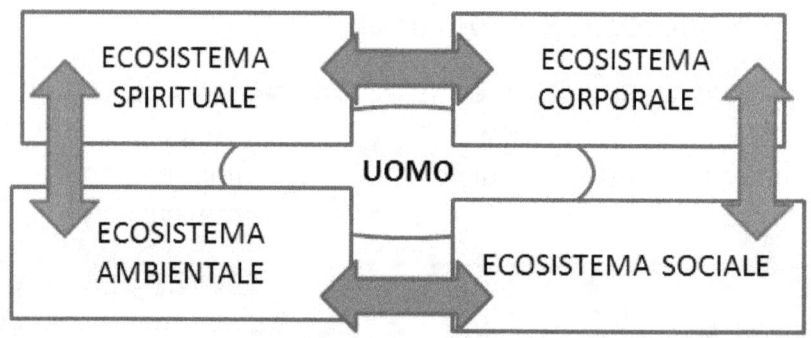

(Prosumerzen/Zenprosumer - Paolo Dealberti ©1993-2015)

Ovvero se:

- si rispetta l' Ecosistema **SPIRITUALE** delle Persone laico,ateo o credente che sia

- si rispetta l' Ecosistema **CORPORALE** delle Persone ovvero la loro salute fisica dal luogo di lavoro all' alimentazione

-si rispetta l' Ecosistema **AMBIENTALE** iniziando con il NON pensare esistendo la tecnologia possiamo fare tutti i disastri ambientali che vogliamo tanto poi questa tecnologia e' il tampone con cui rattoppare il tutto. Ad esempio è fanaticamente deleterio dire che se un lago è inquinato si risolve pensando di creare dei pesci geneticamente modificati che possiamo allevare per uso alimentare in acque inquinate. Come pure lo è il dire a fronte della desertificazione indotta dal nostro abuso dell' ambiente che basta modificare geneticamente le piante affinché necessitino di meno acqua per coltivarle nelle aree desertificate...

-si rispetta l' Ecosistema **SOCIALE** garantendo le Persone indipendentemente dal loro sesso, dalla loro tendenza sessuale, colore, età in un mondo da rottamazione, religione ...

Nel PRATICO questo si ottiene un con atteggiamento quotidiano di tipo PROSUMEZEN (o **ZENPROSUMER** ma non cambia).

Ovvero?

Prosumerzen è una parola che ho inventato unendone 3 per andare ben oltre il concetto dominante di Prosumer includendo ed arricchendo inserendo quello di Citizen,Cittadino.

Tutti conosciamo il concetto dominante e dilagante dagli anni '80 del Prosumer.

Ovvero del nostro essere al contempo PROducer,(produttori),e consUMER , (consumatori), di un bene quando lo ordiniamo.

Vuoi che sia quando configuriamo gli interni delle nostre auto con gli optional piuttosto che personalizzando l' arredo...

Il limite INTRINSECO della filosofia Prosumerzen e' che NON considera gli Ecosistemi Sociale ed Ambientale.

Se produrre da consumatori come Prosumer,ovvero configurando il prodotto finale indubbiamente soddisfa gli

Ecosistemi Spirituale,(dandoci delle sensazioni piacevoli dato che creiamo un contesto che ci appaga),e Corporale,(nessuno di noi vuole un qualcosa che ci faccia male fisicamente), non genera una vera sostenibilità dato che non considera sinergicamente ed allo stesso tempo tutti e 4 gli Ecosistemi chiave.

Se invece siamo dei Prosumerzen:

PROducer+Con**SUMER**+citi**ZEN**

(ma anche **Zenprosumer**)

Se lo siamo attuiamo una vera e propria rivoluzione in quando agendo come CITIZEN oltreché come Produttori/Consumatori innestiamo sia nel processo di produzione che nella filosofia di consumo il rispetto sinergico e dinamico degli altri 2 Ecosistemi,(quello Ambientale e quello Sociale).

Ovvero diveniamo Cittadini,produttori e consumatori ... responsabili e sostenibili.

Tutto questo ci porta all' ottimismo razionale.

Ovvero quello che è conscio che un bicchiere è al CONTEMPO mezzo vuoto e mezzo pieno.

E quindi che nella parte "mezza vuota" vede le problematiche ed in quella "mezza piena" le soluzioni per poi fonderle in una sintesi che consente di andare avanti.

Un approccio che ci riporta a pensare al fatto che in Cinese la parola crisi si scriva con un simbolo che esprime sia il concetto di pericolo che quello di opportunità.

28

Un ottimismo razionale che in Italia vede pochi pensatori impegnati in un serio dibattito che è stato il filo conduttore di questo libro che si divide in tre parti.

La prima parte contiene dei capitoli che si ispirano alla trasmissioni "Pulsazioni del Mondo" sul canale nazionale Reteconomy SKY 516 ed all' editorial content in The Shukran.

"Pulsazioni del Mondo" come pure "Prosumerzen" in Inglese,(http://www.reteconomy.it/programmi/pulsazioni -del-mondo.aspx),sono editorial contextual alla trasmissione ammiraglia della rete "Buongiorno Economia" di cui autrice e conduttrice e' Elisa Padoan.

Le trasmissioni sono sul canale 516 che e' quello del ghota del palinsesto di SKY.

The Shukran,(www.theshukran.com),un innovativo social network Palestinese unico al mondo nel suo genere in quanto **focalizzato sul concetto cardine in un mondo civile dell' accoglienza.**

In questa parte l' accento è posto sulla definizione dio insieme dei trend innovativi a livello internazionale.

La seconda parte contiene degli articoli pubblicati sul multimedia editorial hub tedesco Appeal Power,(www.appealpower.com),nella sezione "Le 296 Città:tecnologia sostenibile".

La terza parte contiene gli articoli pubblicati in "Innovazioni di Successo" nel contesto del think-tank,creato da Piercarlo Ceccarelli, "Impronte", (www.impronte.it).

"Impronte" è la realtà leader in Italia sia nel contesto della leadership d' impresa che nel dibattito culturale sull' ottimismo razionale ed è seguita da circa 5.000 leader industriali,(**pari a circa il 30% del PIL nazionale**).

La seconda come pure la terza parte sono focalizzate su 29 casi reali di innovazione da Lagos a Cuneo in una pluralità di settori dal cardboard design alle nanotecnologie contro i virus.

Questo libro accompagna un altro che ho scritto nel 2015,(Italia, Responsabilità 1.0), e che raccoglie gli articoli pubblicati in 24/x7/IOL,un quotidiano online con in media 11.5 milioni di lettori al mese, e nella syndication editoriale "IlNazionale",(in media 14.5 milioni di lettori/mese).

Il filo conduttore è quello di trovare in giro per il mondo delle idee reali di successo a cui il cantiere Italia possa ispirarsi.

E nel farlo il tenere sempre a mente la più bella definizione che sia mai stata data agli Italiani.

Una definizione di Henry Kissinger che dice:

"L' Italiano è il più intelligente del mondo.

L' unico limite alla sua intelligenza è la sua furbizia."

Se fossimo un pelino meno furbi...potremo affrontare meglio i problemi,(il bicchiere mezzo vuoto),ed ottenere di più dalle occasioni,(il bicchiere mezzo pieno).

Paolo Dealberti, Cuneo - Ingolstadt settembre 2015

1

Pulsazioni dal Mondo :

I technotrends che portano il futuro nel presente

(I capitoli di questo libro sono ispirati alle trasmissioni:

Pulsazioni del Mondo / Technotrends su Reteconomy SKY 516
http://www.reteconomy.it/programmi/pulsazioni-del-mondo.aspx

Ed all' editorial content in TheShukran,il social network Palestinese dell' accoglienza www.theshukran.com)

1-Il sapore che non esiste ... ancora

Dalle birre aromatizzate passando per i vinelli o la vodka con essenze.

Anche l'olfatto è importante se in un museo di auto annusiamo l'odore del Pit Stop o nelle camere di una catena di luxury hotels un mix di essenze.

Flavour e Scent Marketing. Trends dove l'industria Italiana è a "rimorchio".

Due esempi: le birre, sebbene siano una realtà da decenni nessuno ha pensato di andare in questi mercati con prodotti simili, (i Belgi vendono birra in Germania e perché non potrebbero gli Italiani?), e nessuno ha pensato che, un giorno, sarebbero arrivate in Italia. Idem per i vini aromatizzati che fanno così´trendy & cool. C'è poi la pochezza in termini di comunicazione per reagire ai kit che "riproducono" il sapore dei vini.

Un gap da colmare. Perche´?

I sapori si creano ed il mercato poi li chiede. E´avvenuto da sempre in un mondo in cui il lifestyle esiste da almeno 1.5 milioni di anni.

Immaginiamo il cimonno che si importava a Roma nel II AC dall´Australia oppure il cacao od il tabacco.

Ma immaginiamo anche l´omologazione dei sapori dei vini in un mondo dove pochi Guru indicano le miscele ai grandi produttori e poi gli altri si adeguono. Ricordo anni orsono ad una cena organizzata al Kampisky di Monaco di

Baviera in cui si presentavano dei vini di qualità Italiani come al terzo assaggio in tanti, a dire il vero in troppi si chiedessero che un noto produttore Californiano non avesse comprato questi produttori di livello Italiani. A quell punto e con un certo imbarazzo il distributore Tedesco che aveva l´esclusiva come pure I produttori Italiani presenti dissero,(? ammisero), che si erano ispirati ad alcuni vini e che questo tipo di prodotto per questo motivo era da definirsi come "vitigno internazionale".

Se qualcuno beve un vino Italiano o Francese fatto con un kit da aggiungere all´acqua e lo considera come tale e´un problema culturale.

Culturale nel senso di mancata educazione al gusto … ma non solo e sarebbe troppo semplice.

Dato che questi kit costano come una bottiglia di medio livello viene logico pensare che non sia il denaro il problema nel senso che chi ha comprato questo kit con la stessa somma poteva comprarsi un vino "vero".

Ma non lo ha fatto preferendo quello "falso"…e se o ha fatto e´perche´poi così falso non lo ritiene.

Ed i gusti si creano.

Il problema e´che se non andiamo oltre una sterile auto-difesa e non iniziamo a creare una percezione ed una identità non ne veniamo fuori.

Questo anche perché e non tanto per assurdo un kit per vini consente a chi lo compra di sentirsi legittimato eticamente in una ottica da "km0 /consumo sostenibile".

Ovvero?

Immaginiamo di trovare un kit in Internet che costi come una bottiglia di vino di medio livello dato che il costo medio di questi preparati e´intorno ai 40€.

Comprandola oltre alla soddisfazione di avere il nostro vigneto in casa avremo anche quella di poter dire di aver risparmiato a Madre Terra I concimi ed il Co2 per produrlo in maniera tradizionale.

Si tradizionale a questo punto e non naturale.

Se qualcuno preferisce investire 40€ in un kit anziché in una bottiglia di vino il punto non e´economico,ovvero il volere risparmiare, ma di identità da crearsi.

Video-bibliografia

http://www.reteconomy.it/programmi/pulsazioni-del-mondo/2014/maggio/28/il-sapore.aspx

2-Il Tunnel sotto lo Stretto di Bering

Beijing con l'annuncio dell'intenzione di costruire un tunnel sotto Bering in cui far passare un treno superveloce Made in China consegue 4 obiettivi geopolitici:

1- Hard power Industriale: il know-how tecnologico ed industriale

2- Smart Power in termini di diplomazia economica: il poter offrire in giro per il mondo non solo assistenza finanziaria ma anche industriale nel settore delle infrastrutture

3- Soft Power:ridurre la bad image in merito alle condizioni di lavoro creando cantieri con standard occidentali

4- Hard Power Militare: insieme alle linee ferroviarie per l'Asia Centrale e l'Europa consente di trovare una (parziale) alternativa al fatto che per i prossimi 40 anni non sia in grado di contenere e contrastare la US Navy negli oceani e quindi garantire le linee di comunicazione per import/export.

Analizziamoli nel dettaglio per poi meglio inquadrare il tutto in una serie di eventi che accadono come pure in una prospettiva a lungo termine. La sola che conti.

1- Hard power Industriale: il know-how tecnologico ed industriale

E' chiaro che nel momento in cui il Made in China si dimostra capace di progettare e costruire un' opera del genere diverrebbe uno dei leader mondiali inserendosi di diritto tra le realtà in grado di offrire valore aggiunto nel contesto di tutta la filiera progetto,(dalla concezione alla esecuzione) e non solo nei termini di un minore costo di esecuzione.

2- Smart Power in termini di diplomazia economica: il poter offrire in giro per il mondo non solo assistenza finanziaria ma anche industriale nel settore delle infrastrutture

Quanto detto prima amplifica la valenza finanziaria Cinese in quanto oltre agli investimenti Beijing potrà offire un Made in China per eseguirli.

3- Soft Power: ridurre la bad image in merito alle condizioni di lavoro creando cantieri con standard occidentali

Un' opera del genere sarà sotto i riflettori delle organizzazioni ambientaliste come pure dei governi e dei media e quindi il poter garantire degli standard di lavoro internazionali non potrà non incrementare il soft power Cinese. Per inciso anche perché lo sono sempre più necessarie nella stessa Cina a fronte di un naturale innalzamento delle richiesti di qualità sul lavoro.

4- Hard Power Militare: insieme alle linee ferroviarie per l'Asia Centrale e l'Europa consente di trovare una (parziale) alternativa al fatto che per i prossimi 40 anni non sia in grado di contenere e contrastare la US Navy negli oceani e quindi garantire le linee di comunicazione per import/export.

Come vedremo nell' articolo sulle isole artificiali che i Cinesi costruiscono in Sud Est Asia la Cina in termini militari ha un gap nei confronti degli USA che ai livelli di spesa correnti non potrà essere colmato che intorno al 2060-2080,(vedere "Isole Artificiali Cinesi")

Ma il significato di quest'opera è ben più profondo e va oltre questi guadagni geopolitici. Quest'opera porta il futuro nel presente.

Con la stessa tecnologia che costruisce il tunnel si possono costruire anche diramazioni che sono avamposti per lo sfruttamento minerario del suolo degli oceani, per generare energia con le correnti di profondità, per desalinizzare acqua meno inquinata.

Da lì viene naturale l'espansione di questi avamposti in villaggi e città subacquee dato che, a questo punto, esiste sia la tecnologia che la copertura economica.

Non meno importante il progetto sviluppato a Barcelona per creare delle piccole aziende agricole modulari galleggianti che hanno una superficie di circa 2.200.000 metri quadrati ma che possono essere ingrandite. Ed in quanto galleggianti sono in grado anche di coltivare alghe ed allevare pesci oltreché a produrre frutta e verdura "terrestre".

Tendiamo troppo spesso a dimenticare che i nostri figli appartengono alla generazione che potrà vivere e lavorare nello spazio ed è un peccato.

Realtà come quella del tunnel nello Stretto di Bering al pari di altri menzionate in questo libro ci indicano chiaramente che il futuro è nel presente nel senso di consentire entro un decennio anche la vita sottomarina.

Video-bibliografia

http://www.reteconomy.it/programmi/pulsazioni-del-mondo/2014/maggio/21/techno-trends.aspx

3-Isole Artificiali Cinesi

La Geo-economia è la dimensione della geo-politica che impatta sulla vita economica delle nazioni come pure delle aziende e delle persone.

I Cinesi da circa un anno stanno costruendo la prima isola artificiale nel Sud Est Asiatico. Un' isola di più di 80 miglia quadrate.

Le implicazioni sono sia geo-economiche che geo-strategiche come pure geo-politiche.

Iniziamo con quelle geo-economiche.

L' isola in questione diventerà un' area di tipo Free Trade Zone,(FTZ). Una FTZ è un' area in cui si gode di un regime fiscale particolare relativo ai dazi doganali per stimolare l' industria di una nazione.

Con queste dimensioni si potrà costruire sia un porto che un aeroporto come pure un' area logistica trasformandola in un hub logistico a tassazione agevolata.

Ed è questo il primo tassello di una dimensione geo-politica totalmente innovativa.

Il secondo tassello è geo-strategico.

Per poterne cogliere la valenza è necessaria una premessa. Nel contesto dell' equazione geo-politica globale che spazia nei 45 insiemi geopolitici,(incluso Internet),in cui è suddiviso il pianeta che comunica grazie ad un network di 296 città leader solo 3 nazioni hanno una capacità di proiezione di potenza globale e con essa il conseguente controllo S3LC del pianeta.

Con controllo S3LC si intende Sea,Sky,Space,Land,Cyber e con capacità di proiezione globale la capacità di condurre conflitti in teatri remoti. Ovvero il poter combattere delle guerre e non solo inviare un commando a liberare un ostaggio.

Le 3 nazioni sono gli USA,la Francia,(che dispone della 2. più grande marina militare al mondo e gestisce al momento 5 guerre in teatri remoti come pure a cui si rivolge la Russia quando ha bisogno di avere navi militari moderne di livello),ed il Regno Unito,(per inciso di ricorda che negli anni ' 70 Londra combatté una guerra segreta di anni in Yemen usando il Special Air Service).

Cine e Russia non hanno questa capacità. Per esempio chi si allarma per la presenza Cinese nel contesto dell' operazione contro la pirateria nel Corno d' Africa o per ignoranza o per interesse di parte non ci dice che senza la logistica in Djibouti le 2 navi Cinesi farebbero poco o nulla. Ed in Djibouti le basi militari che contano,(e quindi escludiamo il posto di osservazione militare dell' UE),sono quella Francese,Americana e ... Giapponese.

In questo conteso la marina militare Cinese è conscia del fatto che non ha alcuna capacità di interdizione d' altura,(in gergo militare si dice deep water),e che non l' avrà per i prossimi decenni.

In pratica serve a ben poco avere comprato i diritti minerari,per esempio, del rame Cileno se poi le Flotte USA possono in qualsiasi momento bloccare le navi che lo portano in Cina. O bloccare i porti Cinesi.

Al momento la sola contromossa a disposizione dell' apparato militare Cinese è quella di utilizzare un missile a medio raggio anti-nave, il Feng.

Il Feng può colpire seriamente una portaerei e si stima che 2 o 3 Feng siano in grado di renderne una inutilizzabile.

Per questo motivo da anni ne vengono installati migliaia ed il risultato è stato la creazione di uno spazio di interdizione di circa 300 miglia marittime in cui il Pentagono sa che le sue navi possono essere colpite. In pratica le navi militari USA si trovano costrette ad operare a 300 miglia della coste Cinesi e pertanto in caos di un conflitto il primo bersaglio Americano sarà di smantellare questo sistema difensivo.

Immaginiamo ora di avere centinaia di questi missili nell' isola in questione...

Me è anche vero e la leadership Cinese ne è pienamente cosciente che senza una flotta a copertura un' isola da sola non può fare molto come caposaldo. L' esempio di viene dalla battaglie delle Midway dove la flotta Giapponese non riuscì a vincere non per le difese dell' isola ma per il fatto che fossero integrate dalle porterei Americane.

Le dimensioni geo-economica e geo-strategica ci portano a parlare di quella geo-politica.

Questa tecnologia avrà infatti degli impatti devastanti in termini geo-politici.

Il primo è la capacità di ridisegnare i confini. Il diritto internazionale riconosce la sovranità su un' area di 300 miglia quadrate intorno all' ultima isola considerata come il territorio di una nazione.

Questo ci spiega la valenza geopolitica delle Hawaii che sono uno stato USA nel Pacifico a 5.000 miglia alla costa. Oppure del protettorato Inglese di Diego Garcia nel Pacifico. Ma anche perché i Giapponesi investano tanto denaro per preservare dal' erosione degli scogli che emergono dall' oceano o perché la Russia abbia piantato una bandiera di titanio centinaia di metri sott' acqua nel Mare del Nord.

Costruendo un' isola artificiale che è territorio Cinese Beijing può modificare i confini marittimi in una regione dove le dispute marittime sono prossime all' escalation militare.

 Ovviamente nessuno riconoscerà queste pretese ma il Rubicone sarà attraversato in termini geo-politici evidenziando sia un vuoto legislativo che generando un precedente dato che,a questo punto,altri potranno costruirsi le proprie isole.

E questo ci introduce alla seconda dimensione geo-politica che è quella con le conseguenze più impattanti e più a lungo termine.

Chi abiterà l' sola?

Cinesi? E se Cinesi chi?

Quelli della Cina ,(Mainland China), o quelli della Diaspora Cinese,(World China).

Con che regime giuridico?

O saranno altro? E quindi una diversa entità politica alleata a Beijing?

Nel 2008 in un convegno a Dubai fu concepita l' idea della costruzione di isole per poi creare degli stati indipendenti privati.

Da almeno 15 anni è possibile costruire una super nave che ospiti 28.000 persone. Una cittadina galleggiante...apolide.

Ovvero?

Il futuro è nel presente nel senso che la tecnologia consente di fare tante cose quando la politica non riesce a stare al passo.

Il problema non è tecnologico ma...politico.

Video-bibliografia

http://www.reteconomy.it/programmi/pulsazioni-del-mondo/2015/luglio/27/geopolitica-isole-artificiali-cinesi.aspx

4-Energia dallo spazio: 2017

Nel 2017 la JAXA, (l'agenzia spaziale Giapponese), lancerà il primo satellite in grado di convertire l'energia solare in impulsi e poi inviarli sulla terra creando energia. Il tutto con una resa almeno 10 volte superiore a quella dei pannelli solari terrestri. Nel 2031 vi sarà la prima base spaziale con una superficie di alcune miglia quadrate e da quel momento ne verrà costruita una all'anno. Questo solo se il Giappone investirà in questa tecnologia ma la realtà è che Tokyo verrà imitata e questo anticiperà il tutto al 2025.

Basi stellari delle dimensione di miglia quadrate in cui non si genererà solo energia ma si produrranno anche microchip e medicinali che non si possono produrre sulla Terra.
E non solo ... ovvero i primi avamposti in cui lavoreranno i nostri figli.

Avamposti di città.

Il 2017 è domani ... il conto alla rovescia è iniziato...

Potrebbe sembrare fantascienza ma non lo è dato che i nostri figli appartengono alla prima generazione che potrà vivere e lavorare lungamente se non in maniera permanente nello spazio.

Nel luglio del 2015 la piattaforma spaziale dell' Agenzia Spaziale Europea ha prodotto le prima verdura completamente coltivata nello spazio e commestibile.

In altre parti di questo libro si e' visto come sarà possibile vivere in ambenti sottomarini ed a ben pensarci le tecnologie che si usano sono utilizzabili in entrambi gli ambienti.

Alla luce di tutto questo futuro nel presente la sfida è nuovamente culturale e politica ma non tecnica.

Ed al momento siamo alquanto impreparati a pensare a come gestire il 46. ed il 47. insieme geopolitico del pianeta, ovvero lo spazio edi il mare,(sia in superficie che nelle profondità).

Ci ritroveremo con quest' ennesima rivoluzione annunciata quanto retroattiva nel senso che avverrà quando la tecnologia sarà pronta partendo da una retroattività temporale di decenni per riscoprici ancora "nudi ed impreparati" da un punto di vista politico-culturale.

R da qui il perderci nell' affannosa ricerca di fermare il presente comprando tempo rifugiandoci in un passato che non e' mai esistito.

Un peccato...no?

Video-bibliografia

http://www.reteconomy.it/programmi/pulsazioni-del-mondo/2014/giugno/04/techno-trends-energia.aspx

5-Cyborg?... no!

Iniziamo con Frankenstein rilevando come sia forse il solo romanzo in cui il protagonista principale,il "mostro", non abbia un nome.

Lo chiamiamo "mostro" senza dargli un nome e se vogliamo questa è la prima dimensione delle tre della spersonalizzazione inconscia che creiamo intorno a questo personaggio.

La seconda è relativa al suo essere mostro che è un controsenso. Un controsenso nel senso che immaginiamo di essere Frankenstein,ovvero un chirurgo così abile nell' operare che quando arriva al viso non sa fare di meglio che farne uno mostruoso.

Illogico no? Un chirurgo così bravo avrebbe usato il viso più bello a disposizione e questo ci porta alla terza dimensione.

E perché un uomo?

Forse per evitare di creare una Eva 2.0 di cui innamorarsi e con cui concepire un figlio.

Ma il figlio cosa sarebbe stato? Nulla di piu' e nulla di meno che una nuova genia di Homo Sapiens.

E le implicazioni sono chiare. Se sfidiamo Dio può nascere solo un mostro... teniamolo a mente dato che ci ritorneremo dopo.

Ora parliamo di un altro famoso libro del XIX che è entrato nell' inconscio collettivo universale: Dr Jekill e Mr Hyde.

La storia è nota come lo è pure il simbolismo e trasliamo tutto nel XXI.

De questo libro venisse scritto oggi probabilmente i ruoli, e relativi simbolismi,muterebbero.

Il Dr. Jekill non sarebbe più l' espressione della civiltà e del progresso e Mr Hyde quella dell' inciviltà,ovvero?

Attualizzando nel XXI Mr Hyde probabilmente sarebbe un attivista ambientale ed il Dr Jekill uno scienziato al servizio di oscuri interessi di una multinazionale alla ricerca di modificazioni genetiche od altro di devastante per l' ambiente.

Oppure se il Dr Jekill rimane l' esempio del progresso positivo potrebbe essere uno scienziato che creca di contrastare un Mr Hyde che in-personifica poteri forti interessati solo al profitto senza curarsi dei danni ambientali.

Ovvero?

Alla fine sembra che le cose non siano poi cambiate di molto.

Nel XIX ci si preoccupava degli effetti devastanti non tanto del progresso scientifico quanto piuttosto del progresso non regolamentato.

Il Dr. Frankenstein creava un nuovo uomo con mezzi meccanici,ovvero con la chirurgia dato che ai suoi tempi la genetica non esisteva.

Oggi pensiamo alla clonazione,ovvero a farlo geneticamente.

Ma come col Dr. Frankenstein anche oggi il problema non e' lo sviluppo della conoscenza ma il non controllo del medesimo.

Se il Dr. Frankenstein avesse messo a disposizione le sue conoscenze non per creare una nuova specie umana ma per far progredire la chirurgia, per esempio nella dimensione dei trapianti, tutto avrebbe avuto un lieto fine.

Se il Dr Jekill non avesse esasperato gli istinti animaleschi ma potenziato le capacità intellettuali piuttosto che la resistenza alle malattie anche in questo caso si avrebbe avuto un lieto fine.

E tutto questo ci porta al senso del tutto: ovvero il fatto che si debba evitare di restare intrappolati nella dialettica fondamentalista quanto fuorviante che ammorba ogni dibattito serio sullo sviluppo tecnologico.

Ci ritroviamo infatti bloccati all' interno delle Colonne d' Ercole di un duplice quanto deleterio e non costruttivo fondamentalismo.

Il fondamentalismo che considera lo sviluppo tecnologico come la panacea per tutti i problemi che uno sviluppo non regolamentato sta generando. Ovvero? Abbiamo più inquinamento marino?

Nessun problema... si modifica geneticamente la fauna marina e la alleviamo in acque inquinate.

Oppure aumenta la desertificazione? Anche qui nessuno problema dato che di sicuro si troverà il modo di modificare geneticamente la flora e la fauna per fare in modo che consumino meno acqua.

Deleterio e mortale come approccio.

Non meno deleterio e mortale il fondamentalismo anti-tecnologico/modernista per partito preso.

Un fanatismo che inneggi ad un mondo bucolico che non mai esistito se non nelle ville Toscane o Provenzali di chi lo propugna... . Un fanatismo che inneggia ad un passato costruito e mai esistito. E che ci parla di decrescita felice con un approccio che ricorda le gerarchie sociali immobili del Medioevo.

Siate felici avendo quello che avete e non aspirate ad altro ve lo diciamo noi che siamo al vertice della piramide sociale che,se in questo modo si cristallizza, ci rende leadership per l' eternità. Quelli "sopra" sicuramente decrescono molto più felicemente di quelli "sotto"...no? Eh,si.

Banalizzando,ma non troppo, se si vive in un appartamento in centro od in una villa in campagna si può "decrescere felicemente" rinunciando al 20% del proprio spazio abitativo. Molto meno "felicemente" se si vive in 80 mq...ma loro non ci vivono.

Se si guadagna almeno 5.000€ netti/mese e' facile dire di rinunciarne al 10%,(ovvero 500), ma se si guadagna 1.000 0 1.200 possiamo rinunciare a 100-120€?

Con 4.500€/mese si decresce con gioia con 900 o con 980 molto meno anche se ci dicono che con 80€ si fa spesa per una settimana...no? Eh,si.

Per quanto possa sembrare populista dirlo dobbiamo fermarci un attimo e considerare che chi pontifica di decrescita felice non abita mai in 80mq e non vive con 1.200€ al mese... .

E questo non solo fa riflettere ma fa la differenza.

Inoltre,e non ultimo,quando è in gioco la loro salute nessuno di questi a mai rinunciato all' ultimissima cura nonostante che sia la risultante del progresso nefasto incarnato della multinazionali del male...no? Eh,si...

In sintesi è un fanatismo deleterio quello che di dice che la tecnologia risolve tutto prima o poi come lo è quello che ci dice che la tecnologia è il problema da eliminare.

Sono le due facce della stessa medaglia.

Anche perché entrambe perdono di vista una costante storica. Ma prima di introdurla un paio di esempi.

Il principio in base al quale il vapore può generare vapore fu scoperto da Filone di Bisanzio in Alessandria nel 260 AC ed a Filone si deve anche l ' invenzione del giunt per trasmettere il moto rotatorio tra due assi non allineati ed il sistema di catena a ruota dentata.

Ma l' invenzione del vapore si perse fino alla 2. Rivoluzione Industriale nella metà del XVIII e perchè questo avvenne?

Perchè in un mondo in cui abbondava la forza motrice degli schiavi non si percepiva un problema di sostenibilità delle risorse in quanto declinanti.

A metà del XIX la costruzione di una nave da guerra richiedeva circa 2.000 alberi e le cose non miglioravano quando si parlava di vascelli commerciali. Va da sé che il problema della sostenibilità era sentito nel senso che era forte la percezione del fatto che al crescere delle flotte civili e militari sarebbe mancato il legname necessario.

Poi ed all' improvviso la tecnologia risolse tutto con le prime cannoniere corazzate in metallo usate nella Guerra di Successione Americana che non avevano più bisogno del legname per essere costruite.

Quando comparvero tutti tirarono un sospiro di sollievo dato che questa tecnologia aveva "semplicemente" risolto il problema della sostenibilità rispetto al legname aprendone altri rispetto all' inquinamento generato dal carbone di cui nessuno si preoccupò per circa un secolo.

Cosa intendiamo dire?

Se da un lato non è un' apologia delle tecnologia che prima o poi introduce una novità che risolve i problemi dall' altro si evidenzia che la storia ci insegna,ma noi ce lo dimentichiamo,che nel tempo quelle che sembravano delle crisi di sostenibilità per mancanza oltreché per gli impatti sull' ambiente si sono poi semplicemente risolte adottando una nuova tecnologia e relativa struttura sociale.

Il punto quindi non e' che la tecnologia sia il male in sè e per sè ma solo e semplicemente il controllo su di essa.

Un controllo che la trasforma in una tecnologia positiva in quanto sostenibile se opera su 4 livelli di sostenibilità correlati ad altrettanti eco-sistemi.

Ovvero:

-Ecosistema Spirituale: il rispetto della spiritualità laica o credente che sia

-Ecosistema Corpo: il rispetto del salute del corpo

-Ecosistema Ambiente: il rispetto della natura

-Ecosistema Sociale: il rispetto della cultura e della società

La valutazione della sostenibilità di una tecnologia deve avvenire,quindi,su più livelli che considerino sempre e comunque in maniera sinergica questi ecosistemi.

Non è solo un problema di standard piuttosto che legale ma di visione totale dell' uomo come insieme sociale strutturato.

Una tecnologia, come essa impatta non deve alterare gli ecosistemi ma ampliarne la valenza e le sinergie.

Valery Spiridonov e' un Russo di 30 ani che si è offerto volontario per il primo trapianto di corpo integrale. Soffra di una malattia degenerativa che lo condurrà alla morte e questa è la sola speranza che gli resta. L' intervento avrà luogo nel dicembre del 2017.

Il suo corpo malato sarà espiantato dalla testa ed il corpo di un defunto verrà impiantato. L' equipe che eseguirà l' intervento sarà guidata dal Torinese Prof. Guido Cannavero

Indubbiamente un esempio interessante e prima di parlarne facciamo mente locale su due cose.

La prima cosa è il ricordarci tutto quello che venne detto quando per la prima volta si parlò delle trasfusioni come pure del trapiando di cuore.

Tutte le persone che sono ancora vive ringraziano ... .

Tutte le persone che sono ancora vive si è detto e questo ci porta alla seconda cosa su cui fare mente locale:l' ipocrisia di chi si può permettere di esserlo.

Teologi,pensatori, preti,rabbini,imam sono pagati per parlare e sicuramente i molti si scaglieranno contro questo intervento come fu fatto per le trasfusioni ed il trapianto di cuore SALVO poi NON rinunciare a servirsi dell' ultima "diabolica" tecnologia quando le loro vite o le vite dei loro cari sono a rischio.

Anche Bin Laden quando ebbe il primogenito malato non si limitò solo a pregare ma "molto coerentemente" inviò il figlio a farsi operare in una clinica nei "satanici e perversi" USA ... dove fu salvato . Non andò dall' Imam che aveva corrotto per farsi nominare senza titoli Sheik ma da un' equipe medica di odiati yankee... .

Quello che si intende dire è che tutte queste belle parole di queste anime pie,che sono anime pie per LUCROSA professione ed è bene NON dimenticarcelo, sfumano nel nulla ipocrita quando tocca a loro.

Nessuno di loro per stare meglio o per far stare meglio i propri cari come pure per vivere si è mai rifiutato di utilizzare l' ultimo ritrovato della "*diabolica*" tecnologia.

Anzi...viste le loro condizioni di potere,prestigio e pecunia lo hanno sempre fatto e lo faranno sempre al meglio andando nei sancta sanctorum della tecnologia "*diabolica*".

Poi, dopo la convalescenza, a parlare di decrestica felice e di tecnologia "diabolica". Detto questo e questo si commenta da solo SENZA possibilità di smentita altro non serve dire.

Personalmente penso ad una bambina che conosco che a seguito di un incidente d' auto è divenuta paraplegica e che solo con questa tecnologia potrà tornare ad una vitta normale.

Pensando al suo sorriso,e scusate la retorica, le parole dei "*pii di professione a pancia piena*" che non si fanno scrupolo di usare le stesse tecnologie per loro stessi sono solo un fastidioso brusio di mercanti nel tempio della macelleria mediatica che vive sulle nostre angoscie con la Teologia della Paura.

Se loro od i loro cari si trovassero in quelle condizioni NON si porrebbero il problema e chiederebbero il trapianto. Lo sanno benissimo e lo sappiamo anche noi ed il resto è aria fritta per la loro pancia piena.

Il problema quindi NON è tanto la tecnologia in sé stessa MA come viene usata, ovvero?

Rimaniamo al nostro esempio e vediamo che l' uso terapeutico di questa tecnologia è fantastico dato che può cambiare la vita a tantissimi.

Quello che è da EVITARSI è il suo ABUSO. Ovvero?

NON deve divenire lo strumento con cui un' elite,(acui appartengono anche tanti pii di professione) poi possa prolungare la propria vita continuando a farsi trapiantare corpi invecchiati su teste funzionanti.

Per questo servono leggi e costumi socali idonei.

Ovvero SI all' uso e NO all' abuso della tecnologia!!

Le tecnologie non sono né buone e né cattive in sé. Tutte generano delle soluzioni creando implicitamente nuovi problemi se non regolamentate.

Ed è questo il pragmatismo culturale che ci serve per gestire il futuro tecnologico nel presente uscendo dalle ammorbanti nebbie dei fondamentalismi pro e contro la tecnologia.

Biliografia

http://news.discovery.com/human/health/first-head-transplant-patient-schedules-surgery-for-2017-150911.htm

Videbo-blibliografia

1-http://www.reteconomy.it/programmi/pulsazioni-del-mondo/2014/giugno/12/golem-transumani.aspx

2-http://www.reteconomy.it/programmi/pulsazioni-del-mondo/2014/giugno/12/golem-transumani.aspx

Nel 2015 unità di elite dell'esercito USA indosseranno un hardware che gli consentirà di comunicare telepaticamente usando speciali linee di Internet gestite da supercomputer già esistenti.
Nel 2016 un noto neurochirurgo di Torino sarà in grado di trapiantare una testa sul cadavere di un donatore. 2015, 2016... ovvero domani... pardon oggi.
Golem? Trans - umanesimo?
E' un problema culturale il potere uscire dalle "Colonne d´Ercole" delle facilonerie di chi parla sia di Golem che di Trans - umanesimo.

3: http://www.reteconomy.it/programmi/pulsazioni-del-mondo/2014/giugno/18/etica-estetica.aspx

La tecnologia dai microchips alle applicazioni nanotecnologiche offre sempre più soluzioni che si concretizzano in protesi e cure.
Ma perché definire cyborg chi le usa?

Stiamo vivendo una situazione culturalmente simile a quella di quando furono pubblicati Frankenstein ed il Dr Jekill e Mr Hyde.

4: http://www.reteconomy.it/programmi/pulsazioni-del-mondo/2014/novembre/12_2/cervello-futuro-presente.aspx

Un network di 8 università basate negli USA ed in Germania sotto la guida dell'Università di Berkley ha creato un device che legge il pensiero consentendo a chi ha problemi fonetici o è muto di parlare.
Deep Mind di Google è in grado di emulare la short memory umana.

Facebook agisce da comunità in grado di offrire una misurazione degli umori moment-to-moment di circa 500 milioni di persone

5: http://www.reteconomy.it/programmi/pulsazioni-del-mondo/2015/marzo/04/dr-frankenstein-e-dr-jekyll-xxi-secolo.aspx

6: -http://www.reteconomy.it/programmi/pulsazioni-del-mondo/2015/giugno/25/technotrends-trapianto-di-testa.aspx

Continua la nostra analisi alla ricerca di quanto l'etica del XXI secolo possa essere sostenibile.
Un'analisi tutt'altro che teorica dato che tutto deriva dalla ricerca; se il Sistema Italia sbaglia utilizzandone una non reputata come tale finisce col suicidarsi in termini di mercato.
Pertanto...se una testa sarà trapiantata ...

Nel 2015 crescerà di intensità il dibattito etico e culturale in merito all'uso ed al limite della tecnologia.
Ma non è nulla di nuovo se pensiamo a certe storie del XIX secolo...

7- http://www.reteconomy.it/programmi/pulsazioni-del-mondo/2015/luglio/16/technotrends-auto-ad-idrogeno.aspx

Auto ad idrogeno che si ricaricano in 5 minuti.
Fantascienza ?
No, saranno sul mercato questo settembre

6-INTERNET: il senso economico dello scontro

Diciamo che Internet ha collegato il pianeta con delle autostrade digitali ed il problema è che lo diciamo come se fosse la prima volta.

In realtà questa non è altro che una evoluzione di un trend millenario.

Per secoli e secoli una cinquantina di vie di terra ed una decina di rotte hanno collegato il mondo.

Tendiamo a dimenticarci,ed e' un errore,che il mondo è già stato collegato al meglio della tecnologia di una data epoca molte volte.

Dalla scoperta dei monsoni alla creazione dei canali di Suez ben prima di quello del XIX e di quello raddoppiato del XXI.

Le strade imperiali che collegavano rapidamente a partire da quelle dell' impero Persiano fino ai Pony Express contemporanei dei telegrafi che collegavano il mondo.

Per il suo giubileo Elisabetta I nel XIX poté inviare un messaggio a tutte le installazioni militari ed a tutte le delegazioni diplomatiche Britanniche usando un telegrafo.

Grazie al telegrafo ed al cablogramma nel 1887 da Parigi lì International Herald Tribune/IHT fondato da Gordon Bennet Jr poteva essere stampato in contemporanea con lo stesso layout e con gli stessi articoli in 20 città in giro per il mondo divenendo il primo quotidiano mondiale.

Si può pensare che non sia paragonabile ad oggi dove si può leggere l' International New York Time/INYT,(ovvero il giornale che ne ha preso il posto dal 2013),in Internet.

Ma ne siamo poi così sicuri?

Chiediamoci quante persone realmente leggano l' INYT in giro per il mondo e chiediamoci quante leggessero per decenni in giro per il mondo l' IHT.

Ci accorgiamo che l' incremento e' solo demografico, ovvero quantitativo. Nei mondi e nelle economie dell' IHT vi erano meno persone e quindi meno persone che avevano bisogno di uno strumento informativo come l' IHT/INYT.

Strade imperiali /commerciali, rotte marine ed aeree, telegrafi e cablogrammi hanno collegato il mondo con diverse forme di autostrade da ...secoli.

Se siamo coscienti di questo possiamo apprezzare Internet per quello che è.

Ovvero un ulteriore strumento nel rendere più "piccolo" il pianeta ma non la rivoluzione che pensiamo che sia.

Internet non ha fatto altro che incrementare quantitativamente un flusso che possiamo indicare con 3V:

-Volume

-Varietà

-Velocità

Ovvero?

-Volume: e' aumentata la quantità di informazione disponibile ma non per questo né la nostra capacità di fruirne e né tantomeno quella di comprendere.

E se non si può fruire e comprendere questa massa di informazioni così enormemente aumentata a che serve?

-Varietà : tutto e' multimediale e fruibile in quanto tale. Una multimedialità destinata ad avere una accelerazione con la diffusione di sistemi 3D a basso costo usabili con uno smartphone. Ma ed ancora a che ci serve questa accresciuta varietà se poi non possiamo fruirne e capirla?

-Velocità: le elite hanno sempre avuto le informazioni velocemente. Gli imperatori Aztechi con i loro corrieri imperiali, Rothschild sulla morte di Napoleone prima del suo re, gli operatori di borsa del XIX usando il telegrafo... Oggi tutto questo sembra più democratico salvo poi accorgersi che un mondo in "tempo reale" non vuol dire un mondo in cui si è presenti e si incide dato che si ha una informazione. Un esempio? In tempo reale veniamo a conoscere quando qualcuno viene ucciso nella guerra civile Siriana ma dopo 4 anni ed almeno 250.000 morti questo conoscere in "tempo reale" ha inciso? No.

Tutto questo ci porta all' inizio consentendoci di meglio capire le definizioni di "contenuto" e contenitore" dei soggetti in guerra in Internet.

L' "Internet delle Cose" e' un contenuto di applicazioni che è possibile grazie ad una infrastruttura che ne e' il contenuto.

Questo vale per le Apps come pure per i contenuti dell' informazione del divertimento.

Partendo da questo possiamo definire i soggetti economici dominanti la Rete dividendoli in due grandi categorie:

- Infrastructure Provider,(IP): ovvero le realtà che forniscono l' infrastruttura ,il "contenitore" in cui si innestano i contenuti che fruiamo. Esempi sono Google piuttosto che Bing o Firefox ma anche WordPress ,uTube o FaceBook ... .

- Content Provider,(CP),: ovvero chi riempie l' infrastruttura ovvero il contenitore con il contenuto. Dagli online game alle notizie passando dalle TV come pure dai movie on demand.Esempi sono la CNN, Disney Channel, Ubisoft, SKY ... E,come abbiamo visto, non devono essere necessariamente a pagamento ma indubbiamente sono tutti coperti dal copyright

Per poter cogliere pienamente cosa vi sia in gioco è importante fermarci a parlare della specificità dell' economia di Internet.

I due elementi chiave ed unici dell' economia di Internet sono:

- l' esistenza di monopoli verticali sinergici

- il basarsi su di una dinamica Peers-2-Peers,(P2),dove tutti partecipano ma solo uno guadagna.

In internet non esiste il numero due e questo ci porta ai monopoli verticali ovvero la fatto che in Internet dopo il leader di mercato non esiste nessuno se non altri leader di mercato che si integrano per il fatto di occupare nicchie sinergiche.

Per capirci prendiamo per esempio i social network.

Ne abbiamo diversi che si caratterizzano tutti per 3 elementi in comune:

a) il leader di mercato ha una posizione così dominante che il 2. di fatto non esiste

b) ogni social network si caratterizza per essere specializzato in una dimensione soddisfacendo una offerta di target

c) (di conseguenza) gli utenti dei social newtork quotidianamente interagiscono con più social

Ancora un esempio per capirci.

Prendiamo Facebook,Linkedin ed Instagram.

Ognuno soddisfa un bisogno dell' utente,del Social Networker che così deve essere parte di tutti e tre per esprimersi socialmente al meglio in Internet.

Questo ci porta a capire che in Internet si esiste solo e solo se si è in grado di individuare una nicchia di domanda sociale scoperta.

Linkedin, per esempio, individuò nel mondo di FaceBook la mancanza di poter interagire per chi lavora per farsi conoscere professionalmente. Ed in un mondo con FaceBook e Linkedin chi creò Instagram comprese che vi era un mondo in cui socialmente non si poteva esprimere la propria creatività mediante le foto.

E via dicendo.

E questo ci porta al secondo elemento chiave dell' economia di Internet, quello della cosiddetta Peers-2-Peers,(P2), economy.

Di cosa si tratta?

Queste realtà come pure altre come uTube o WordPress crescono e si alimentano grazie al nostro contributo.

Loro sono i contenitori ma se non ci fosse il nostro contributo quotidiano sotto forma di contenuto sarebbero vuoti.

Noi li riempiamo di contenuto e con esso di traffico ed è grazie a questo traffico come pure ai servizi accessori che ci vengono venduti per offrire un livello qualitativamente migliore di contenuto che chi ha creato il social network guadagna.

Se non ci fossero centinaia di milioni di bloggers WordPress non avrebbe traffico e guadagno.

Lo stesso dicasi per Linkedin se non fossimo noi a pubblicare ed a creare /gestire i vari gruppi di professional.

E senza di noi chi sarebbe interessato a questi social network per fare pubblicità ed altro?

Nessuno

Quindi la P2P Economy non esiste.

Esiste che qualcuno crei un contenitore che ci offre nella speranza che noi lo si riempia di contenuto ma una volta che questo accada è solo il gestore del contenitore che ne guadagna e non noi.

E questo ci conduce direttamente al centro della questione.

Va da sè che chi offre un contenitore,(da uTube a WordPress),abbia bisogno di avere contenuto.

Un contenuto che deve poter non essere troppo vincolato dal copyright al fine di consentire che vi sia molto contenuto.

Allo stesso tempo chi produce del contenuto vuole che il copyright lo protegga al meglio e questo contrasta con la necessità di chi vuole un uso il più ampio possibile.

In altri termini chi e' un Infrastructure Provider,(come WordPress o Utube),vuole che il copyright sia un vincolo minimo per poter avere più persone che pubblicano. E con esse più traffico e quindi più guadagni.

Specularmente i Content Providers,(ovvero chi produce contenuto),vuole esattamente il contrario per non perdere clienti.

Partendo da questo comprendiamo quale sia l' interesse economico reale intorno al dibattere sul copyright in Rete.

E la conferma ci viene se osserviamo chi sia schierato nei due campi.

Gli Infrastructure Providers premono per avere meno copyright mentre i Content Providers per averne di più.

Una situazione che ha generato un nuovo business, una nuova nicchia come dimostra realtà come Storyfi.

Al momento la migliore normativa al mondo e' quella del Fair Use negli USA e si consiglia per questo di avere il sito con un server Americano per profittarne.

Ma dietro a questo contrasto tra Infrastructure e Content Providers vi è molto altro.

Per capirlo facciamo un salto nel tempo per andare all' epoca delle ferrovie. Le compagnie ferroviarie erano nel XIX l' equivalente delle società di Internet oggi. Ovvero le più ricche,potenti e proiettate nel futuro.

Ce ne ricordiamo qualcuna? No,ovvero che fine hanno fatto?

Sono sparite perché il vero guadagno nel tempo non era nell' essere l' infrastruttura che dava il contenuto,(binari e vagoni vuoti),ma nel contenuto che essa trasportava.

Quindi?

Google ed altri non vogliono fare la stessa fine. Pertanto voglio riempire i loro "vagoni" con le merci e le merci sono il contenuto multimediale editoriale.

Allo stesso modo i Content Providers non vogliono ritrovarsi spazzati da chi ha rispetto a loro il vantaggio di avere anche il controllo del contenitore,ovvero l' infrastruttura.

La partita è ancora aperta ed il luogo dove avverrà oltre,naturalmente, alla Rete è il Congresso USA dato che è negli USA che Internet...vive.

Vive per essere poi nel mondo il 45. insieme geo-politico del pianeta.

Video-bibliografia

1: http://www.reteconomy.it/programmi/pulsazioni-del-mondo/2014/maggio/23/scontro-titani-internet.aspx

Internet è uno dei 45 insiemi geopolitici in cui si divide il pianeta.
Internet è composta da due dimensione parallele.
Una legale - circa il 60% - ed una illegale.

In quella legale operano 3 soggetti:
- Internet Provider: ovvero l´infrastruttura
- Peer-2-Peer Content Provider: dove noi utenti creiamo il contenuto ogni volta che pubblichiamo e quindi generiamo il traffico di cui beneficia a vario titolo chi offre il servizio, ad esempio uTube o Word Press
- Content Provider: chi ha un contenuto di cui usufruiamo, dai video games alle informazioni. Ad esempio Ubsoft, Universal, Financial Times.

Questo si innesta sul fatto che la FCC - Federal Communications Commission vorrebbe creare un Internet a due velocità che distruggerebbe la neutralità in Internet.

Ovvero?

Se hai il budget puoi pubblicare il tuo contenuto nella dimensione a più elevata velocità, e il tuo contenuto verrà visto prima di altri. De facto, una censura basata sul budget.
Il tutto si innesta nello scontro in Internet che verte intorno ai copyright.

La realtà è che assistiamo ad una mutazione genetica in

cui dimensioni come Google o Facebook stanno diventando delle Media Company.

Lasciamo questo quadro di insieme sullo sfondo per andare nel dettaglio.

2: http://www.reteconomy.it/programmi/pulsazioni-del-mondo/2015/luglio/31/cultura-economia-xxi-episodio-4.aspx

Una delle grandi illusioni sull'economia in Internet è che sia tra pari, (ovvero Peers-2-Peers, P2P). Da qui ne deriva l'imprecisa mitologia dell'economia dei Commons.
Vero è che questa economia rappresenta circa il 25% del PIL mondiale quindi...

3: http://www.reteconomy.it/programmi/pulsazioni-del-mondo/2014/ottobre/27/economia-p2p.aspx

Da un decennio si consolida in Internet un'economia Peers-2-Peers, (P2P), in cui a fronte dell'accesso ad un'infrastruttura, (Facebook, Word Press...), gratuito o con un costo sostenibilissimo l'utente, (noi), creiamo il contenuto.
Contenuto che poi genera il traffico che altro non è che la fonte di reddito, (in vari modi), per chi ha offerto l'infrastruttura.
Il tutto in una dimensione in cui in ogni nicchia si ha non solo un monopolista ma, de facto, anche un solo vero player internazionale.

7-DUAL= fisico + digitale = Life Style REALE

Cos'è un nome?

Tutto,in quanto esprime l'idea che noi abbiamo delle cose.

Quindi oggettivizza la soggettività della nostra mappa mentale del mondo mediante il suo significato simbolico.

E se stessimo perdendo il simbolismo dei toponimi che descrivono i luoghi nei 45 insiemi geopolitici?

Allora rischieremmo di perdere la bussola e questo sarebbe letale ...

Iniziamo dicendo che non esiste il virtuale ma il digitale ed il comprenderlo è fondamentale.

Per l' MIT il primo esempio di rappresentazione di un mondo virtuale di ha con il mito della caverna di Platone ma non ha molto senso.

Non lo ha in quanto ci fa ricadere nella confusione tra virtuale e digitale. In realtà il mito della caverna lo è di una rappresentazione digitale in mondi digitali.

Definire una dimensione come virtuale vuol dire dire che non esiste mentre dire che e' digitale vuol dire che esiste in un' altra forma di realtà.

Pertanto esistendo gli essere di cui nella caverna si vedevano le ombre non era una dimensione da realtà virtuale ma bensì una da realtà digitale.

Ed è questo il punto chiave: il digitale è una realtà al pari del fisico.

E questo ci porta a dire che tendiamo troppo spesso non solo a confondere ma a non cogliere sia i limiti del nostro essere digitale come pure che da sempre viviamo in maniera sociale in contesti che in Internet definiamo come virtuali.

Andiamo con ordine. Tra le tecnologie che più hanno inciso sull' umanità solo quelle che hanno alterato l' equazione spazio-temporale.

Ovvero le tecnologie che hanno permesso di percorrere gli spazi in meno tempo. Se vogliamo per dirla in una frase: quelle che hanno reso il mondo più piccolo.

Il fruire di tali tecnologie ci ha fatto muovere sempre in soazi sociali particolari quanto ristretti con le proprie regole.

Fossero quelli di una carovana o quelli di una nave come pure di un aereo.

Aereo...con l' automobile la tecnologia che più ha inciso sul nostro modo di viaggiare nell' ultimo secolo dato che le navi sono orai quasi esclusivamente per uso commerciale ed il poco ,in termini relativi, che ancora trasporta dei passeggeri lo fa come crociera, ovvero essendo la nave stessa uno spazio ludico.

Gli aerei da quasi un secolo sono dei tubi di alluminio che si sono evoluti per divenire sempre più sicuri,grandi e prestazionali. Anche se poi le novità non sono poi così eclatanti come siamo aiutati a pensare. Tra gli appartamenti sul Boeing Dreamliner e sull' A380 e quelli sugli idrovolanti che negli anni '30 del XX collegavano il Regno Unito con l' Asia non vi è poi molta differenza. Ma il punto non è questo.

Il punto è che sono de microsistemi sociali con le loro regole ed in questo senso sono leggibili come mondi che noi definiamo virtuali... . Ma sono in realtà reali.

Questo ci permette di capire come il digitale non sia altro che una dimensione della realtà con le sue proprie forme ,regole,socialità al pari di tanti altri mondi del reale.

Il punto è che non ce ne accorgiamo talmente ne siamo immersi che non ci interessa neanche rendercene conto.

Immersi in un mondo che oramai ha 50 anni e che è così parte di noi che neanche sentiamo il bisogno di darci un simbolo. Ovvero?

Internet non ha un simbolo per identificarlo.

Usiamo il simbolo per dollaro per identificare il denaro oppure quello pacifista per indicare la pace. Utilizziamo il simbolo "@" per indicare le email ma non ne esiste uno per indicare Internet.

Ma a pensarci bene cosa significherebbe Internet?

International network? Oppure Interactive network? Od entrambi?

In buona sostanza se ci fermiamo un attimo a riflettere la dimensione più invasiva del nostro mondo contemporaneo è così invasiva che non abbiamo bisogno di un simbolo e di una definizione per identificarla.

Forse questo livello di interiorizzazione del mondo digitale fa sì che da un lato sia orami così parte della nostra quotidianità e dall' altro,specularmente,non lo accettiamo razionalmente iniziando a considerare la nostra vita come un DUAL.

Un DUAL ovvero un real che è composto da una realtà fisica,(phisycal life),ed una digitale,(login life), che si fondono e sinergizzano.

Gli esempi non mancano. Da come vendiamo in un mercato B2B come Alibaba al fatto che un fashion designer come Alex Wang pensi le collezioni che disegna considerando come verranno poi nelle foto in Internet dato che eè il mercato maggiore.

E questo è il punto chiave del tutto: il concepire il nostro reale come un DUAL in cui il fisico,(physical life) ed il digitale.(login life), siano una sola cosa senza soluzione di continuità.

Ovvero un mondo reale e non virtuale.

Video-bibliografia

1 : http://www.reteconomy.it/programmi/pulsazioni-del-mondo/2014/giugno/10/digital-life-style.aspx

Siamo la terza generazione, (ed i nostri figli la quarta), a vivere un progresso tecnologico che porta ad una atomizzazione della fruizione in cui il pubblico diviene il singolo fruitore. Ovvero noi inter-agenti col messaggio tramite il medium. Dalla radio agli occhiali di Google...

Questo ci ha abituati ad una intimità massmediatica in cui non ci accorgiamo di creare delle immagini fantastiche che sopperiscono all'assenza di una dimensione sensoriale. Il problema è che nel nostro life style viviamo questa quotidianità senza avere gli icebreakers, (le parole chiave), per capirla.

Ne godiamo la superficialità non riuscendo a capirla appieno. E questo è un limite dato che confondiamo il virtuale, (ciò che non esiste), con il digitale, (ciò che esiste).

E quindi non riusciamo a godere del dual che il continuum reale+ digitale genera... ne siamo "solo e semplicemente" inconsapevoli in termini di life style vissuto come social talk.

2: http://www.reteconomy.it/programmi/pulsazioni-del-mondo/2014/giugno/25/big-data.aspx

Big Data 1.0 non serve per l'urban planning delle grandi città perché, "semplicemente perché", è principalmente ed innanzitutto:

I) formato da network sociali auto-organizzantisi

II) racchiuso in un dato ambiente geografico

III) collegato al proprio interno e col mondo da strutture e servizi urbani

IV) vivente e mutante nel tempo

E quindi BIG DATA 1.0 come collettore di risposte quantitative... non funziona.

3: http://www.reteconomy.it/programmi/pulsazioni-del-mondo/2014/luglio/29/jet-style.aspx

Gli aerei sono tubi di alluminio che da un secolo esprimono una delle dimensioni più forti del glamour. Quindi "mondi virtuali" ... almeno in un certo senso.Basta ricordare quando le star dello spettacolo o dello sport si

imbarcavano o sbarcavano con frotte di giornalisti ai piedi della scaletta.
O il mitico mondo del Jet Set...
Oppure nel 1993 quando la prima commercial figure ha trovato posto con i protagonisti della storia nel leggendario museo delle cere di M.me Tussauds a Londra. Ed altro ancora in una dimensione sempre in anticipo per definire l'immagine secondo il pulsare del mondo.

4: http://www.reteconomy.it/programmi/pulsazioni-del-mondo/2014/settembre/24/social-network-3d.aspx

Oculus, di proprietà di Facebook, ha operato con Samsung e non con Apple per creare un visore 3D di Realtà Virtuale per tablet e smart phone.
Un visore che non solo serve per giocare, ma anche per vedere un film dentro un cinema che ci scegliamo e molto altro...

5 :- http://www.reteconomy.it/programmi/pulsazioni-del-mondo/2014/settembre/29/post-aibaba.aspx

6- http://www.reteconomy.it/programmi/pulsazioni-del-mondo/2014/ottobre/06/post-alibaba-2.aspx

Vi sono diverse chiavi di lettura per spiegare il clamore intorno alla IPO di Alibaba.
La prima è simbolica: in Cina orgogliosamente a conferma che è ancora una eccezione e non un trend. Esistono solo 3 società Cinesi con un marchio globale B2B:
- HKSB
- Lenovo
- Alibaba
La seconda ci parla di...

Perché il mondo Post-Alibaba in cui operiamo significa per le PMI Italiane, e non solo, la fine di business model come quelli di Slow Food o Eataly cosi come sono concepiti oggi.

7: http://www.reteconomy.it/programmi/pulsazioni-del-mondo/2014/dicembre/10/wereable-technology.aspx

Il 2015 vedrà una crescita delle devices classificabili come wereable technology come, ad esempio, gli occhiali di Google o l'orologio di Samsung.
Già il 21% del mercato li possiede e nel 2015 queste devices si caratterizzeranno per un proprio ruolo rispetto agli smart phones nella nostra Login Life.

8: http://www.reteconomy.it/programmi/pulsazioni-del-mondo/2014/novembre/19/gamification-conferma.aspx

L'Atlantic Council, il prestigioso think tank in Washington DC, ha offerto a Dave Anthony, il creatore di Call of Duty, un posto come fellower per creare panel/war games in grado di prevedere le tipologie di conflitti nel futuro.
Il primo è avvenuto il 1/10/2014 generando feedback a dir poco impressionanti.
A conferma che...

9-http://www.reteconomy.it/programmi/pulsazioni-del-mondo/2015/giugno/11/technotrends-gestire-la-realta-usando-gli-occhi.aspx

Una nuova generazione di hardware da indossare consente di fare con gli occhi cose che prima erano impossibili.
E nel farlo accade che...

10-http://www.reteconomy.it/programmi/pulsazioni-del-mondo/2015/maggio/28/technotrends-bikes-e-wereable-technology.aspx

Un innovativo casco per Bikers ci porta a vivere la quotidianità del wereable hardware, (l'hardware che si indossa), in grado di cambiarci la vita perché ci consente di guidare in sicurezza con elevatissime prestazioni vivendo le 2 dimensioni della realtà...

11- http://www.reteconomy.it/programmi/pulsazioni-del-mondo/2014/novembre/20/velocita-volume-varieta.aspx

Velocità, volume, varietà... le chiavi delle strade

Da sempre le strade portano da qualche parte ed un viaggiatore dopo aver viaggiato ha modificato la sua mente.
Le strade, (di terra, di mare come pure nel cielo ma anche quelle digitali), consentono il passaggio di persone e di cose.
Con esse viaggiano le idee che possono essere di oppressione o di speranza.
Il tutto parla di una globalizzazione nata 1.5 milioni di anni fa e che ha come benchmark fondamentale le 3V: velocità, varietà e volume.

12-http://www.reteconomy.it/programmi/pulsazioni-del-mondo/2014/luglio/18/mappe-mentali.aspx

Mappe mentali

8-Energia e meno inquinamento:

il laser che trasforma la Co2 in ossigeno ed il vento troposferico

La paura è un business al punto che possiamo anche dire:

dimmi di cosa hai paura e ti dirò chi sei...

Una delle 11 narrative della Teologia della Paura che da una generazione scientificamente ed interessatamente uccide le nostre speranze sul futuro è relativa all' ecologia.

Nessuno nega che dal XVIII l' umanità abbia recato danni immensi all' ambiente ma ed allo stesso tempo dobbiamo ricordarci anche che non è la prima volta come pure che l' umanità ha saputo superare mutamenti climatici epocali con una tecnologia enormemente inferiore.

Nell' alto Medioevo il centro e sud Italia erano piene di foreste che sono state distrutte per approvvigionare il fabbisogno di legname per l' edilizia come pure le marine delle Repubbliche Marinare. Nonostante questo scempio ambientale le popolazioni di queste regioni sono sopravvissute fino ai nostri giorni.

Nel Rinascimento abbiamo avuto una mini-glaciazione che,per esempio,ha trasformato la Grunland,(la Terra Verde,ovvero la Groenlandia),nella regione ghiacciata che conosciamo ma anche in questo caso le popolazioni sono arrivate al XXI.

Dicendo questo non intendiamo certamente sottovalutare le problematiche ed i rischi generati dall' inquinamento ma vogliamo anche focalizzare l' attenzione sul fatto che non debbano essere sopravalutate.

Il sopravalutarli infatti ha come conseguenza deleteria il privarci della speranza per il futuro. Come abbiamo detto in un capitolo di questo libro dobbiamo liberarci dalla Colonne d' Ercole dei fanatismi deleteri pro-contro la tecnologia per partito preso.

E per farlo abbiamo bisogno di uasare dei dati concreti e qui ne portiamo due tra i tanti che si perdono nei fumi di un dibattito ideologico se non settario quanto volutamente ignorante per non ledere posizioni di prestigio, potere e pecunia fin troppo auto-referenziate.

Due fatti che ci parlano di come sia possibile abbattere in maniera più che esponenziale l' inquinamento ed accrescere in maniera anche qui più che esponenziale l' utilizzo dell' energia alternativa.

Iniziamo parlando dell' inquinamento.

L' Università della California ha sviluppato un nuovo tipo di laser che genera un processo di fotosintesi in grado di convertire la Co2 in ossigeno.

Questo laser può essere utilizzato per creare un filtro che è,quindi, in grado di abbattere completamente le emissioni di anidride carbonica sia per uso abitativo che industriale come pure quella generata dai mezzi di trasporto.

Ma non solo questo. Il team di ricercatori che ha costruito questo filtro asserisce anche che possa essere usato per ripulire l' atmosfera una volta che sia installato su dei satelliti sub-orbitali.

Una soluzione che non ha nulla di fantascientifico in quanto sono disponibili dei droni che possono volare a questa altitudine mossi da un motore ad energia solare che gli garantisce una autonomia di cinque anni.

Droni che FaceBook vuole utilizzare come antenne per far arrivare un segnale che consenta di collegarsi ad Internet in aree del mondo che ne sono sprovviste.

Immaginiamo centinaia di questi droni in orbita ad un' altitudine sub-orbitale che non genera problemi nè al traffico satellitare e neanche a quello aereo ed in grado di lavorare usando l' energia solare,(e quindi non inquinando),che per anni ed anni "ripuliscono" la atmosfera trasformando la Co2 in ossigeno.

Gli effetti positivi sul livello di inquinamento sono più che immaginabili come pure quelli sicuramente deleteri per il conto corrente ed il potere/prestigio di chi vive auto-referenziandosi come Guru dell' Apocalisse Ambientale.

 Inoltre sempre secondo gli scienziati dell' Università della California è possibile utilizzare questa soluzione anche in ambienti ostili come Marte per generare nel corso di anni delle micro-aree abitabili.

Una soluzione del genere integrata con altre in corso e prossime non puo' che modificare radicalmente i termini dell' equazione ambientale in maniera positiva riducendo drasticamente l' inquinamento.

Questo perché con un filtro del genere installato sui camini di case e fabbriche come pure sui motori di qualsiasi mezzo di locomozione "semplicemente" riduce a zero le emissioni di Co2 trasformandole in ossigeno.

Ossigeno che si disperde nell' atmosfera con l' effetto benefico di sostituirsi all' anidride carbonica... .

Partendo da questo spostiamoci sul lato della produzione energetica sostenibile in quanto generata con energia rinnovabile e lo facciamo parlando di un tipo particolare di energia eolica: quella del vento troposferico.

Il vento troposferico è quello in quota,ovvero non a livello del suolo. Un vento che non cessa mai. Per esempio quante volte abbiamo visto muoversi le fronde degli alberi od una bandiera su di un edificio quanto a livello stradale non vi era vento?

Tante volte.

Ad una quota superiore ma raggiungibilissima questo movimento non cessa mai al punto che:

in ogni dato momento possa generare energia pari a circa 100 volte il fabbisogno del pianeta

La tecnologia leader per l' uso di quest' energia è Italiana ma prima di parlarne valutiamo le problematiche relative ad un cambiamento di fonte energetica in termini di costi/opportunità essendo consci che ci sono i limiti interinsechi alla fllessibilità/facilità nel cambiare la fonte di approvvigionamento.

Ovvero il problema chiave dato che sono i costi/opportunità per la sostituzione il vero vincolo una volta che una nuova tecnologia sia disponibile creando una nuova fonte energetica.

Tanto più costa creare nuove infrastrutture tanto meno è flessibile e quindi possibile il cambiamento.

I costi sono a due livelli. Quelli di chi gestisce le infrastrutture che erogano il carburante e quelli del governo che deve decidere se le accise sulla nuova fonte energetica debbano essere più basse per garantire una qualche forma di sovvenzione iniziale.

Ricordiamo tutti quando più di trent' anni fa' arrivò il diesel in Italia, ad esempio, e per capire quanto le accise siano importanti per il bilancio di un governo focalizziamoci su due dati molto esplicativi.

L' Italia guadagna dai carburanti almeno 27 volte di più dell' Arabia Saudita grazie alle accise ed il livello della tassazione media nell' UE è dell' 85% del costo alla pompa di carburante,(ovvero ogni euro 85 centesimi sono per le accise ed i restanti 15 centesimi pagano la filiera produttiva dal pozzo di estrazione fino alla pompa di erogazione).

Per chi gestisce le strutture eroganti il problema è da un lato la massimizzare degli investimenti fatti anche se hanno già generato il ROI,(ritorno degli investimenti),e dall' altro l' avere la certezza che si genereranno a breve i volumi di utenza in grado di ripagare i nuovi investimenti.

Su queste basi possiamo definire la struttura dei costi che rallenta il cambiamento per poter poi meglio comprendere sia come in Italia si siano sperperate delle risorse per una falsa politica energetica sostenibile sia come sia possibile e conveniente usare il vento troposferico.

Procediamo con ordine e parliamo delle barriere all' introduzione di una nuova fonte energetica una volta che la tecnologia sia disponibile.

Al fine di valutare diverse forme energetiche dobbiamo partire da due varabili chiave:

1- esiste un' alternativa: ovvero abbiamo individuato una fonte e la relativa tecnologia per usarla.

Pensiamo al petrolio che era noto da millenni ma solo nel 1859 negli USA si inventò sia la tecnologia per estrarlo che quella per raffinarlo e quindi utilizzarlo.

Pensiamo al sole ed agli specchi incendianti inventati da Archimede durante l' assedio di Siracusa salvo poi arrivare al 1935 per avere,negli USA, il primo edificio riscaldato tramite i pannelli solari sebbene il primo pannello solare fosse stato inventato nel 1767 da de Saussure.

Oppure pensiamo all' acqua che insieme alla forza del vento una volta imbrigliata nei mulini diede inizio alla 1. Rivoluzione Industriale nel XII. Solo nel 1961 e' stata costruita in Francia la prima centrale mareo-motrice che sfruttasse l' energia generata dalle onde marine.

Una volta trovata la tecnologia affrontiamo la seconda variabile,ovvero le problematiche relativa al costo di sostituzione.

Problematiche sintetizzabili in 4 grandi famiglie:

I- I costi ambientali

Come ci insegna l' esperienza del nucleare non è che una fonte energetica sia sempre accettabile per il solo fatto di essere tecnologicamente sfruttabile. Il primo costo da analizzare è quello ambientale e quest' analisi ci porta a comparare le diverse fonti energetiche tecnologicamente sfruttabili per capire se ecologicamente sostenibili.

II- I costi di creazione delle nuove infrastrutture

III- I costi degli investimenti per le infrastrutture esistenti

Una volta che una tecnologia energetica risulti eco-sostenibile il problema e' relativo ai costi infrastrutturali per utilizzarla.

Costi che hanno una duplice dimensione. Quella delle nuove infrastrutture come pure quella dell' ammortamento delle esistenti.

Quanto più un erogatore si sia ripagato l' investimento strutturale e quanto più le nuove infrastrutture abbiano un mercato diffuso tanto maggiore sarà la volontà di investire.

Facciamo un esempio pratico: le stazioni di rifornimento.

In un momento di crisi come il nostro la voglia di investire può venire meno e quindi è maggiora la necessità di uno stimolo.

E per il gestore di una catena di stazioni di servizio il solo stimolo è il ritorno dell' investimento.

Il problema maggiore per la creazione di colonnine di rifornimento per il bio-fuel come pure per la ricarica delle batterie risiede nel bacino di utenza. Ovvero tante più auto richiedono questa energia tante più stazioni la offriranno.

In questo caso il governo può agire su due livelli che sono delle sovvenzioni.

Può dare incentivi alle industrie che producono dei veicoli che usano queste tecnologie in modo che il prezzo fianle sia ridotto.

Può dare degli incentivi fiscali riducendo l' incidenza delle accise sull' energia per renderla più conveniente.

Ma può usare l' Incentivo fiscale anche in un altro modo anche se ad oggi poco utilizzato.

Come?

Per risponderci dobbiamo rispondere ad un' altra domanda: chi sono i più grandi acquirenti di veicoli?

I governi e le società di autonoleggio.

Se i governi dicessero:

a) noi come governi intesi come grandi acquirenti di veicoli per le nostre burocrazie si impegnano da questo anno comprare veicoli che usino solo queste tecnologie. Iniziamo quest' anno con il 30% del parco veicoli acquistato per arrivare al 100% in 3 anni.

b) noi governi offriamo alle società di auto-noleggio intese come acquirenti di veicoli dei benefici fiscali per ogni veicolo a nuova energia acquistato. In questo modo queste aziende avrebbero lo stimolo a compare de mezzi che usano le nuove energie.

Il primo beneficio sarebbe il ridurre il costo degli autoveicoli a fronte del volume ed il secondo sarebbe quello di creare un volume interessante di mezzi che hanno bisogno di questa energia.

Ovvero di clienti per le catene di stazioni di servizio che,a questo punto,sarebbero più motivate ad investire a fronte di questa massa critica di utenti.

IV- il costo per i governi

Ovvero,come prima accennato, il mancato introito fiscale se si riducono le accise per sovvenzionare l' uso.

E visto che parliamo di sovvenzioni possiamo introdurre una valutazione costo/beneficio per l' uso del fotovoltaico.

Si stima in 4.6 miliardi di euro il costo delle sovvenzioni nel periodo 2010-2013 per installare i pannelli solari ma e' una stima parziale ed incompleta.

Questo in quanto:

a) NON si è ancora riuscito a quantificare il beneficio netto in termini di minore Co 2 prodotta

b) **(in maniera molto ipocrita) NON si e' voluto quantificare** il costo in termini di emissioni di CO_2 della filiera dei pannelli partendo dalla produzione a basso costo,(magari con energia a carbone), in Cina fino all' energia consumata dal furgone che porta il pannello dove deve essere installato in Italia

c) **(in maniera molto ipocrita) NON si e' voluto quantificare** il costo ambientale generato dallo scempio di togliere preziosa terra alla coltivazione per installare i pannelli.

Il tutto ci porta a comprendere la valenza del fatto che questi 4.6 miliardi di euro NON hanno supportato la creazione di green technology ma bensì quella di una parassitaria green economy che vive di sovvenzioni.

In altri termini questi 4.6 miliardi che si sono trovati NON hanno finanziato la ricerca Italiana del fotovoltaico MA bensì pagato l' import del Made in China dove si produceva.

Arricchendo così la lobby del fotovoltaico che ha fatto solo commercio e mai ricerca.

Questi 4.6 miliardi di euro,(dato che si sono trovati...),potevano essere spesi meglio per finanziare una tecnologia Made in Italy ed azzerare la bolletta energetica Italiana.

Come?

La risposta ci riporta al vento troposferico. In ogni dato momento sull' Italia il vento in quota produce circa 100 tetrawat di energia,ovvero il nostro fabbisogno annuo.

Prima di andare avanti è bene aprire una piccola parentesi per spiegare come funziona la tecnologia che utilizza questa particolare energie eolica.

Si tratta di utilizzare dei paracadute speciali che si auto-sostengono in quota grazie al vento,(e quindi con emissioni di CO_2 nulle),che racchiudono delle ventole particolari. Il vento in quota,il vento troposferico,le alimenta facendo generare energia che poi e' trasmessa a terra con il cavo di aggancio e da qui alle centrali di smistamento nella rete elettrica.

L' impatto ambientale è nullo dato che gli impianti eolici sono in quota e non sul terreno. I pali di ancoraggio al terreno che fungono anche da trasmettitori dell' energia raccolta hanno un impatto ambientale minimo ed i cavi per il trasporto dell' energia sarebbero sotterranei. In merito ai pali di ancoraggio si fa nuovamente notare **che il vento in quota è presente ovunque e quindi NON vi sono dei vincoli fisici per localizzare i parchi eolici volanti**. In termini pratici si può tranquillamente scegliere una localizzazione che sia lontano dai centri abitati e dalle coltivazioni ed allevamenti come pure dalle rotte migratorie degli uccelli ed anche dai luoghi paesaggistici di pregio.

Ovvero non tolgono preziosa terra all' ambiente come pure non impattano sulla fauna e tantomeno sulla vita e sull' economia delle persone.

Essendo ancorati e non fluttuanti **non vi sono rischi per la navigazione aerea** dato che verrebbero segnalati e quindi evitati. I velivoli possono passare sopra ed intorno e certamente i parchi eolici volanti possono essere costruiti lontano dalle aerovie. Questo perché il vento in quota è presente dovunque e quindi,come detto prima, non vi sono vincoli per localizzare un parco eolico volante in un luogo piuttosto che in un altro e pertanto si evita tranquillamente di localizzarli in prossimità delle aerovie. In caso di un incidente che faccia sganciare il paracadute-ventola basta munirlo di un radio segnalatore per tracciarne il percorso e può essere facilmente recuperato od abbattuto da un velivolo militare. Nel caso lo si debba abbattere NON produce sostanze inquinanti ed i detriti possono essere facilmente raccolti in poche ore da un qualsiasi servizio di raccolta rifiuti esistente in ogni comune e poi inviati per essere riciclati. Inoltre la velocità di spostamento in caso di sgancio consente di avere tutto il tempo per agire ed infine non meno importante è il fatto che le dimensioni contenute delle ventole fanno sì che non siano in grado di creare danni irreparabili se dovessero precipitare.

Infine si auto-sostengono ed auto-alimentano col vento e pertanto **non producono Co2 in nessuna fase del processo generante energia.**

L' energia può poi essere usata sia per uso abitativo che industriale come pure per l' autotrazione nella forma di energia elettrica per i motori a batteria.

Invece di investire in questo e quindi nel Made in Italy se pensiamo che l' azienda tecnologicamente leader al mondo è l' Italiana KiteGen si è preferito foraggiare con 4.6 miliardi di sovvenzioni la lobby dei commercianti di pannelli solari.

Amara ironia - ma non dobbiamo stupircene - e' il fatto che la KiteGen abbia poi dovuto trovare i capitali in Arabia Saudita.

Ancora una volta il futuro e' nel presente...ed ancora una volta ce lo lasciamo scappare!

Video-bibliografia

1: http://www.reteconomy.it/programmi/pulsazioni-del-mondo/2014/settembre/03/vento-troposferico-energia.aspx

   Immaginiamo una fonte energetica rinnovabile che in ogni dato momento possa generare energia pari a circa 100 volte il fabbisogno del pianeta.
Ed immaginiamo che la tecnologia leader sia Italiana con capitali Sauditi...

2: http://www.reteconomy.it/programmi/pulsazioni-del-mondo/2014/ottobre/22/c02-ossigeno-laser.aspx
(NOTA da 9.58)

Da una lato la scienza Fantozziana del Guru della paura che ci racconta di un mondo senza speranze... dall'altro quella che porta il futuro nel presente.
Per la prima volta si può convertire l'anidride carbonica in ossigeno con un laser ultravioletto creato dall' Università della California..

I vantaggi:
- con dei satelliti orbitanti ridurre la CO2 nell'atmosfera
- creare dei filtri per le industrie, le case come pure per l'automotive e gli aerei che convertono la CO2 emessa in ossigeno
- generare ossigeno in pianeti con l'atmosfera piena di CO2 e renderli abitabili... Marte?
Ed altro ancora in questa tappa del viaggio che ci porta a vedere il futuro realizzato nel presente...

3-http://www.reteconomy.it/programmi/pulsazioni-del-mondo/2015/febbraio/18/clima-ambiente-sostenibilita-sviluppo-tecnologia-ricerca.aspx

Negare che i cambiamenti climatici non stiano avendo conseguenze e che non ne avranno significa nascondere la testa sotto la sabbia.

Ma anche perdersi nel catastrofismo significa nascondere la testa sotto la sabbia.
La tecnologia infatti ...

9-Responsabilizzazione Tecnologica = sostenibilità = Prosumerzen

La tecnologia è parte integrante di un ecosistema storico in un dato tempo e luogo.

Ma e non tanto per assurdo non deve essere per forza sempre al massimo teorico possibile di sviluppo.

Andiamo con ordine.

Fino all' inizio degli anni '80 i pesticidi erano ritenuti un elemento chiave per consentire la produzione alimentare necessaria per sfamare il mondo. Eravamo pazzi?

No ma solo e semplicemente si viveva nel mondo "Post-Maltussiano" del Club di Roma dove la prima priorità in termini di sostenibilità era coltivare ed allevare per sfamare.

Oggi,dopo una generazione della tanto vituperata nuova fase della Globalizzazione nata il 7/9/1945,che ha tolto dalla povertà e dalla fame circa 2 miliardi di persone le cose si vedono in un altro modo.

Accade quindi che altrettanto logicamente la sostenibilità abbia altre dimensione e che,quindi,i pesticidi siano un veleno da evitarsi.

Il problema diviene,giustamente,la preservazione della diversità biologica ma anche qui è bene essere prudenti.

Da decenni abbiamo un laboratorio vivente di centinaia di milioni di persone che mangiano OGM e...vivono. Si tratta dei consumatori Americani a conferma di uno studio di 25 anni su 200 milioni di capi di bestiame che dimostra che se l' OGM entra nella catena alimentare non vi sono problemi.

Abbiamo per anni propugnato i bio-fuel salvo poi ritrovarci con i prezzi del mangiare che esplodevano perché per gli agricoltori era più conveniente coltivare per le bio-masse piuttosto che per alimentare persone ed animali.

Un esempio da tenere a mente se pensiamo al primo grattacielo in legno che sarà costruito a Stoccolma nel 2023.

Ripensando alla "guerra" per la terra tra le coltivazioni per il bio-fuel e quelle per alimentare e ricordando la crisi che generò nel XIX il fatto che una nave richiedeva 2.000 alberi le domande che vengono spontanee sono:

a) quanti alberi servono per un grattacielo?

b) e quindi quanto terreno deve essere tolto alla coltivazione alimentare ed all' allevamento?

c) e poi che tipo di alberi? Ovvero dove si possono coltivare e quindi quanto Co2 sarà generata per trasportarli al cantiere eco-compatibile?

Ma qui ci viene in aiuto una scoperta dell' Università della California che ha trovato un laser che può essere usato come un filtor per abbattere al 100% le emissioni di anidride carbonica.

Ed allora,forse,ha senso ripensare al vecchio cemento nella forma dell' innovazione tecnologica di un cemento Italiano prodotto da Italcementi che è in grado di assorbire l' inquinamento. Esempi in Italia ne sono una cattedrale costruita da Meyer a Roma ed il Padiglione Italia all' EXPO.

Creiamo robot che ci aiutano a gestire l' invecchiamento come pure i nostri bambini pensando che le "generazioni 2.0" più che un ausilio debbano essere considerate come degli schiavi meccanici.

Sembra di vivere tesi,antitesi che non generano sintesi o che quando le generano non sono come ce le aspettavamo.

Ovvero?

UN caos apparente quanto deleterio.

400 tra le migliori menti scientifiche al mondo hanno firmato un manifesto per sensibilizzare contro i rischi dell´Intelligenza Artificiale non regolamentata. Un momento di riflessione collettiva che si innesta e scontra con un' atteggiamento che perdura da una generazione.

Un' atteggiamento perverso tutti-partisan dove alla mancanza di contenuti nelle proposte si soppersice facendo ricorso alla paura.

Dimmi di cosa hai paura e ti dirò chi sei.

Dalla crisi finanziaria del 1998 ad oggi in media ogni 24 settimane il mondo è cambiato in modo irreversibile ...peggiorando ovviamente.

Peccato però che in quegli stessi anni la tanto vituperata fase contemporanea della globalizzazione,(un trend di secoli),abbia tirato fuori dalla povertà almeno due miliardi di persone.

La dimensione positiva della globalizzazione e noni fautori della Teologia della Paura.

Il Brasile ha tolto dall povertà circa 25 milioni di persone NON perchè ha seguito i fumosi dettami di qualche "no-global" con orologio svizzero e casa in centro me perché è divenuto uno dei BRICS nel contesto della dimensione positiva della globalizzazione... e divenendo uno dei BRICS ha trovato poi le risorse per attuare i fantastici programmi di welfare cha ha attuato!

Ed e' questo i punto chiave.

Ancora e sempre la tecnologia in sé e per sé non è né un male assoluto e tantomeno un bene assoluto.

Solo i fanatici pro/contro tecnologica possono pensarlo ed è un errore.

Ogni tecnologia risolve dei problemi e nel farlo contiene in sé il potenziale per generarne altri che magari ci sfuggono al momento.

Per esemplificare il concetto pensiamo al fatto che solo dopo la prima imbarcazione ci si rese conto che poteva esistere una cosa nota come l' affondamento.

O solo dopo il primo treno che potesse esistere una cosa nota come il deragliamento.

Quindi?

SI ALL' USO E NO ALL' ABUSO DELLA TECNOLOGIA!!

Un qualcosa che sembra così banale e semplice ma che in realtà è maledettamente complesso da attuarsi.

Come attuarlo?

Considerando che la vera sostenibilità si ottiene solo e soltanto se si rispettano sinergicamente le 4 sostenibilità che compongono l' essere armonico e dinamico della nostra vita

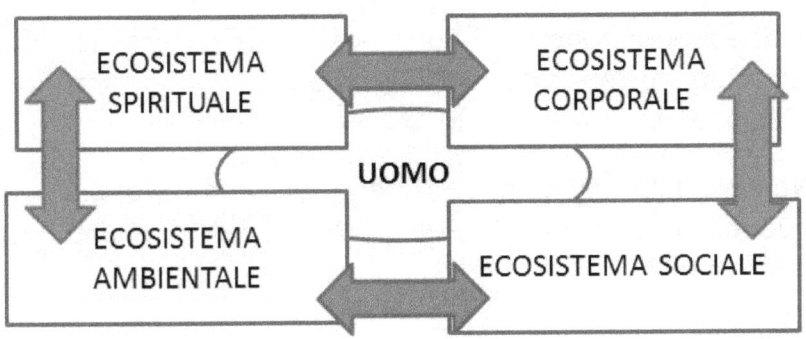

(Prosumerzen/Zenprosumer - Paolo Dealberti ©1993-2015)

Ovvero se:

- si rispetta l' Ecosistema **SPIRITUALE** delle Persone laico,ateo o credente che sia

- si rispetta l' Ecosistema **CORPORALE** delle Persone ovvero la loro salute fisica dal luogo di lavoro all' alimentazione

-si rispetta l' Ecosistema **AMBIENTALE** iniziando con il NON utilizzare la tecnologia come un tampone per rattoppare i disastri ambientali che creiamo. Ad esempio è fanaticamente deleterio dire che se un lago è inquinato si risolve pensando di creare dei pesci geneticamente modificati che possiamo allevare per uso alimentare in acque inquinate. Come pure lo è dire a fronte della desertificazione indotta dal nostro abuso dell' ambiente che basta modificare geneticamente le piante affinché necessitino di meno acqua per coltivarle nelle aree desertificate...

-si rispetta l' Ecosistema **SOCIALE** garantendo le Persone indipendentemente dal loro sesso, dalla loro tendenza sessuale, colore, età in un mondo da rottamazione, religione ...

Nel PRATICO questo si ottiene un con atteggiamento quotidiano di tipo PROSUMEZEN (o ZENPROSUMER ma non cambia).

Ovvero?

Prosumerzen è una parola che ho inventato unendone 3 per darne ben oltre il concetto dominante di Prosumer includendo ed arricchendo inserendo quello di Citizen,Cittadino.

Tutti conosciamo il concetto dominante e dilagante dagli anni '80 del Prosumer.

Ovvero del nostro essere al contempo PROducer, (produttori),e consUMER,(consumatori),di un bene quando lo ordiniamo.

Vuoi che sia quando configuriamo gli interni delle nostre auto con gli optional piuttosto che personalizzando l' arredo...

Il limite INTRINSECO della filosofia Prosumerzen e' che NON considera gli Ecosistemi Sociale ed Ambientale.

Se produrre da consumatori come Prosumer,ovvero configurando il prodotto finale indubbiamente soddisfa gli Ecosistemi Spirituale,(dandoci delle sensazioni piacevoli dato che creiamo un contesto che ci appaga),e Corporale,(nessuno di noi vuole un qualcosa che ci faccia male fisicamente), non genera una vera sostenibilità dato che non considera sinergicamente ed allo stesso tempo tutti e 4 gli Ecosistemi chiave.

Se invece siamo dei Prosumerzen:

PROducer+Con**SUMER**+citi**ZEN**

(ma anche **Zenprosumer**)

Se lo siamo attuiamo una vera e propria rivoluzione in quando agendo come CITIZEN oltreché come Produttori/Consumatori innestiamo così nel processo di produzione e nella filosofia di consumo il rispetto sinergico e dinamico degli altri 2 Ecosistemi,(quello Ambientale e quello Sociale).

Ovvero diveniamo Cittadini,produttori e consumatori ... responsabili e sostenibili.

Video-bibliografia

1-http://www.reteconomy.it/programmi/pulsazioni-del-mondo/2015/maggio/29/sostenibilita-4-ecosistemi-zenprosumer.aspx

Prosumerzen = Zenprosumer

La sostenibilità sostenibile è quella che incarna 4 Eco-sistemi sinergici ed equivalenti:
- Corpo
- Etico
- Sociale
- Ambiente
Se i brand italiani vogliono essere percepiti come credibili quando affermano che il Sistema valoriale dei loro prodotti è sostenibile devono essere ZENPROSUMER. Ovvero essere in grado di...

2- http://www.reteconomy.it/programmi/pulsazioni-del-mondo/2014/agosto/06/robots-nonni-ndr-113.aspx

Jibo, Asiamo, Anio sono le avanguardie dei social robots. Al momento sono poco più di una webcam, organizer e low level instructor che si muovono ma sono l'1.0 di un trend.
Un trend nato in Giappone ma che si sta difondendo ovunque.

3- http://www.reteconomy.it/programmi/pulsazioni-del-mondo/2015/febbraio/25/2060-infrastruttura-4-trilioni-dollari.aspx

Utilizziamo come provocazione culturale uno scenario techno trend ipotizzato per il 2060 dal Premio Nobel Fogel per vedere come potremmo essere almeno 3 volte più efficienti, anche non utilizzando il top della tecnologia.
Un futuro sostenibile in cui...

4- http://www.reteconomy.it/programmi/pulsazioni-del-mondo/2015/maggio/07/technotrends-sostenibilita.aspx

Sostenibilità fino agli anni '80 del XX: si ai pesticidi.
Sostenibilità da allora ad oggi: no ai pesticidi.
Domani? ...

5-http://www.reteconomy.it/programmi/pulsazioni-del-mondo/2015/maggio/14/technotrends-grattacieli-sostenibili.aspx

Sostenibili nel contesto di due dimensioni.
Quella tecnologica: tutto iniziò nel 1852 quando E.G. Otis inventò il primo ascensore consentendo così a W.L. Jenney di progettare a Chicago nel 1885 il primo grattacielo.
Quella ambientale: dal cemento ecologico Italcementi al grattacielo in legno che sarà costruito a Stoccolma...

6-http://www.reteconomy.it/programmi/pulsazioni-del-mondo/2015/maggio/21/technotrends-cemento-ecosostenibile-made-in-italy.aspx

L'EXPO 2015 oltre allo Slow Food ed alla sua sostenibilità lascerà al mondo anche una eredità per un approccio eco-sostenibile in un settore non meno strategico dell'alimentazione.
Si tratta dell'urban design ed in un mondo sempre più urbanizzato questo tipo di sostenibilità è fondamentale quanto quella alimentare.
Il tutto è possibile grazie ad un'eccellenza tecnologica

ineguagliata del Made in Italy: il cemento i.active Biodynamic prodotto da Italcementi.

7-http://www.reteconomy.it/programmi/pulsazioni-del-mondo/2015/luglio/30/technotrends-biocarburante-che-risparmia-il-terreno.aspx

La National Academy of Sciences of the USA ha creato una nuova generazione di bio-combustibili e bio-lubrificanti che impattano positivamente anche sull'agricoltura.
Sul lato delle performance sostenibili in termini di inquinamento abbattono dell'80% le emissioni di elementi inquinanti.
Sul lato della sostenibilità agricola consentono di coltivare le piante necessarie per la bio-massa da cui vengono estratti utilizzando delle terre coltivate marginalmente. Questo consente di abbattere la competizione tra le coltivazioni per uso alimentare e quelle per uso energetico ed in questo modo...

10- http://www.reteconomy.it/programmi/pulsazioni-del-mondo/2015/luglio/23/technotrends-trasporto-su-ruota-e-via-nave-sostenibili.aspx

Una nuova App negli Stati uniti sta rivoluzionando il mondo della logistica su ruota.
Una nave che viaggia con una propulsione eolica/gas liquido quello della navigazione.
Il futuro è nel presente e...

11-http://www.reteconomy.it/programmi/pulsazioni-del-mondo/2015/luglio/10/technotrends-architettura-energetica.aspx

Pensiamo a degli edifici che possano produrre energia anche per la nostra mobilità, ovvero per caricare le batterie dei nostri veicoli.
A Berlino li stanno costruendo e...

12-http://www.reteconomy.it/programmi/pulsazioni-del-mondo/2015/febbraio/11/technotrend-intelligenza-artificiale.aspx

Possiamo autodistruggerci?

2

Input dal mondo

(da Appeal Power:

Le 296 Città Leader, Technotrends sostenibili www.appealpower.com)

10-Il cartone che si fa abito dei luoghi

ETICODesign è una start-up Italiana che ha innovato il concetto di produzione trasformando il carboard design,(il design dei mobili in cartone),in una dimensione sostenibilmente flessibile in quanto consente di produrre su richiesta a partire da una sola unità,(producing on demand, POD).Una flessibilità quindi che va oltre quella dell' uso del cartone riciclato per divenire vero e proprio artigianato industriale del design in grado di essere sostenibile per il fatto di produrre quando e come serve. Ovvero di essere non solo Prosumer ma anche Prosumerzen.

Etico Design è andata ben oltre la pura e semplice innovazione di processo cogliendo appieno il senso dell' innovazione.

L' innovazione è un punto di equilibrio dinamico che consente di spostare sempre più in là i traguardi conseguiti. Pertanto una sintesi tra la tradizione di un' azienda e la sua capacità di modificarsi di anticipare i tempi per adattarsi al mutare del mondo anticipandoli. Un presente dinamico in cui si fonde il passato ed il futuro di una azienda nel rispetto del suo DNA, della sua mission.

Quindi l' innovazione e ciò che permette ad una azienda di cambiare sempre ,si evolversi senza mai smettere di essere se stessa .

Ovvero senza mai perdere la propria identità.

La propria identità che nell' innovazione non si perde ma

si rafforza in un insieme di contenuti precisi quanto concreti che vedono protagonisti le persone che lavorano nell' azienda.

Su queste basi metodologiche in ETICODesign l' innovazione di processo è sfumata in una concezione di artigianato industriale sostenibile in cui ogni prodotto incarna la sostenibilità in quanto intrinsecamente capace di non disperdere energie ambientali essendo pensato ad hoc per ogni contesto.

In questo modo il POD diventa elemento proattivo di responsabilizzazione da parte dei Clienti,(B2C o B2B che siano),che si muovono in un ecosistema industriale che consente non disperdere elementi ambientali.

Ambiente... abito... quanto significato inconscio rischiamo di perdere se non si coglie appieno il senso duplice quanto permeante della parola "abito".

Abito inteso come vivere uno spazio.

Abito inteso come indossare un alfabeto sociale con cui comunicare per appartenere e quindi contraddistinguersi riconoscendo,riconoscendosi e facendosi riconoscere.

Il design e' l' abito di uno spazio che genera emozioni e quindi lo trasforma in un luogo.

Uno spazio che diviene luogo in quanto riempito di "abiti" generati dal design per potervi abitare. In questo senso ogni oggetto di design è un principio architettonico finalizzato a gestire il nostro tempo privato e sociale.

Ovvero espressione del nostro essere intese come persone con persone ma anche persone con contenuti e quindi con luoghi che hanno storie da raccontare.

I luoghi del nostro sociale inteso sia come privato che pubblico non sono altro che i microcosmi del nostro vivere che,come frattali,generano le città.

Vogliamo sapere cosa sia il design?

Gli spazi comprimono molto e poi aggiungono il ritmo agli oggetti che contengono. In questo modo me accentuano il senso in maniera armonica,sinergizzata col tempo comprimendo il tutto in emozioni che rendono gli spazi come tante isole,(più o meno grandi o piccole),che si metabolizzano in luoghi. Ovvero realtà emozionali.

Emozionali nella dinamica sensoriale delle forme e dei colori che accompagnano i motori interni delle nostre sensazioni e delle nostre certezze. Il tutto rende la fotogenia del design che ,a questo punto,diviene armonico nel senso di essere parte integrante di noi ...per noi e con noi.

Per noi...con noi...la responsabilità della scelta.

ETICODesign incarna questo elevando il concetto di Prosumer,(PROducer + conSUMER),ovvero del Produttore /Consumatore che decide come deve essere prodotto quando consuma.

Lo eleva per portarlo a quello di **Prosumerzen**, (PROducer + conSUMER+ citiZEN) ovvero di essere conscio della responsabilità di essere un Citizen del mondo conscio che la sostenibilità è vera solo quando contiene 4 ecosistemi sinergici ed equivalenti:

- l' ecosistema Spirituale

l'' ecosistema Corporale

l'' ecosistema Ambientale

l'' ecosistema Sociale

ETICODesign fonde questi 4 ecosistemi in ogni prodotto di artigianato industriale che concepisce:

- l' ecosistema Spirituale è soddisfatto grazie all' artigianalità del Producing on Demand che consente di creare un oggetto unico intorno alle emozioni del Cliente

l'' ecosistema Corporale è garantito da una produzione che rifiuta ogni forma di compromesso sugli standard attinenti alla salute delle persone che lavorano come pure di quelle che fruiranno dell' oggetto di cardboard design

l'' ecosistema Ambientale trova la sua tutela sia in un sistema produttivo rispetto dell' ambiente come pure nell' uso di materiale riciclato

l'' ecosistema Sociale è salvaguardato nel contesto di un ambiente di lavoro veramente a dimensione umana.

Etico quindi...si...ovvero:

Environment

Tradizione

Innovazione

Cultura

Olistico

Pertanto in grado di creare una dimensione del cardboard design che sia realmente **ARTIALE**,(ARTigianale + industrIALE), in cui l' uomo è al centro come ganglio vitale dei 4 sistemi sinergici.

11-I 3 livelli di sostenibilità per innovare, ovvero come essere Prosumerzen

Stora Enso, l´azienda Svedese leader nel settore della carta e del legname per arredi,ha pubblicato il 25 marzo 2015 il proprio Global Responsibility Tool,(GRT),che sarà la guida per le strategie di innovazione di processo come pure di prodotto al fine di essere sostenibili nel pieno rispetto dei quattro eco-sistemi componenti la sostenibilità. La novità del GRT risiede nel concepire la sostenibilità come un insieme dinamico agente su tre dimensioni sinergiche. Il GRT e´un esempio fondamentale del nuovo trend che il mercato si aspetta da una Brand per essere considerata realmente sostenibile.

1. Cos'è stato innovato grazie al GRT?

Il GRT di Stora Enso e´un documento chiave quanto innovativo da prendersi come esempio per chiunque voglia essere percepito come Brand sostenibile.

Nel suo essere strutturato su tre dimensioni sinergiche esprime una mission aziendale che incarna valori di sostenibilità che sono "oltre" ed "altro" la tradizionale sostenibilità ambientale e nel farlo risponde pienamente alle richieste sempre più stringenti del mercato.

Al fine di comprendere in che modo il GRT sia "oltre" ed "altro" la tradizionale sostenibilità ambientale definiamo quali sono le tre dimensioni sinergiche ed equivalenti di sostenibilità che lo compongono:

Dimensione 1: Persone ed Etica

Ovvero il rispetto della dimensione umana e quindi l´optare per innovazioni di processo che riducano al massimo la riduzione dei livelli occupazionali come pure per prodotti che rispettino l´ambiente ma anche l´evitare di avere nella propria filiera aziende con comportamenti ambigui.

Dimensione 2: L´uso delle foreste

Implementare tecnologie che ottimizzino l´uso delle foreste come pure dei terreni che le ospitano.

Dimensione 3: Efficienza nel consumo delle risorse

Il legno e l´acqua usati nel processo produttivo ma anche la riduzione dell´emissione di CO_2 nella produzione come pure nella logistica

Le tre dimensioni sono correlate a tre eco-sistemi cardine della sostenibilità.

La Dimensione 1,(Persone ed Etica),e´riconducibile sia all´eco-sistema Fisico delle Persone che a quello Etico. L´offrire un ambiente di lavoro fisicamente salubre ed il chiederlo a tutta la filiera e´garanzia del benessere fisico delle Persone. Il garantire condizioni salariali e psicologiche confortevoli e´garanzia del benessere psicologico delle persone che non operano sottoposte a pressioni di vario genere.

La Dimensione 2,(l´uso delle foreste), e´relativa all´eco-sistema ambientale. Ovviamente ogni azienda deve poi farla propria adattandola alla propria tipologia produttiva.

Le Dimensione 3,(Efficienza nel consumo delle risorse), e´relativa al quarto ecosistema della sostenibilità,ovvero a quello sociale. Un comportamento responsabile come produttore e consumatore intermedio di semilavorati ha un impatto positivo sulla topografia sociale nelle aree in cui si opera.

In questo modo Stora Enso e´ oltre",(dimensione quantitativa), in quanto rispetto alla concorrenza contempla tutti gli eco-sistemi della sostenibilità´ ed e´"altro",(dimensione qualitativa), in quanto incarna un sistema valoriale molto più complesso e sofisticato che genera una differenziazione netta nella percezione/identificazione con la propria Brand rispetto alla concorrenza.

Le prime applicazioni concrete del GRT da parte di Stora Enso riguardano l´imposizione di questi standard a tutta la filiera di fornitori e partner pena l´esclusione e la ristrutturazione di un impianto produttivo in Belgio.

Si tratta dello stabilimento di Langerbrugge Mills dove viene attivata una nuova linea produttiva di laminati in legno che implementa una nuova tecnologia che consentirà sia di aumentare la forza lavoro che di ridurre le emissioni di CO_2.

L´impianto Belga opererà con uno limitrofo della Volvo implementando nuove tecnologie che ridurranno le emissioni totali di almeno CO_2 di 15.000 tonnellate/anno,(per dare un termine di paragone e´l´equivalente necessario a riscaldare 5.000 abitazioni).

2. Perché è promettente e perché sta avendo successo?

Stora Enso si pone all´avanguardia nell´essere quella che noi definiamo come Prosumerzen.

Prosumerzen e´un neologismo creato per definire le Aziende in grado di soddisfare i quattro eco-sistemi della sostenibilità,(fisico,etico,ambientale,sociale).

Come parola e´nata dalla fusione di tre parole : PROducer + conSUMER + citiZEN.

Il significato e´il seguente: ogni azienda e´un Cittadino,(Citizen),della comunità e del territorio dove opera. E lo e´concretamente agendo sia da Produttore,(Producer),responsabile che da Consumatore,(Consumer), non meno responsabile. Ed in questo modo appartiene a quella Elite che opera rispettando i quattro eco-sistemi della sostenibilità.

Stora Enso si pone, quindi, all´avanguardia nel cogliere le istanze del mercato in termini di contenuti del Sistema valoriale in cui riconoscersi e differenziarsi scegliendo/non scegliendo una Brand.

Un paio di esempi di mercati chiave per l´azienda Svedese lo confermano a livello internazionale.

Relativamente al mercato della carta: il mercato crescente dell´interior design che per creare complementi di arredo e mobili usa dei cartoni particolari con elevata resistenza strutturale. Un mondo in crescita esponenziale definito come Cardboard Design,(design col cartone),come dimostra il fatto che in Internet vi siano almeno 44.500.000 entries con questo termine.

Relativamente al mercato del legno: paradigmatico l´essere fornitrice del progetto che vedrà la costruzione del primo grattacielo interamente in legno a Stoccolma nel 2030.

12-Oltre il succo di frutta, un esempio di finanza Islamica

1-Il contesto in cui e´maturato il progetto:

GOKNUR Bio Agriculture Inc. e´stata fondata nel 1993 ed e´un leader di mercato in Turchia. La società esporta sia in Nord Europa che nella regione del Greater Middle East,(dal Pakistan al Niger passando per l´Iran e gli Emirati Arabi Uniti),dove e´tra i leader di mercato. Opera nel settore agricolo sia trattando il prodotto base,(frutta e verdura),biscotti,oli,(di oliva e vegetali),come pure concentrato. Il tutto rigorosamente bio.La produzione deve essere eco-compatibile ed al 100% naturale e Goknur dispone anche di una divisione R&S che sviluppa tecniche di coltivazione biologiche innovative. Al fine di implementare una nuova tecnologia per la coltivazione di mele,pere,pesche e ciliege sviluppata nel proprio centro di ricerche ha deciso di operare creando una consociata,(Turbe Armande, TF),mediante uno start-up tecnologico.

2-Il progetto:

Nel 2013 Goknur si é rivolta al venture capitalist del Bahrain Venture Capital Bank,(VCB), al fine di implementare l´operazione utilizzando le modalità della finanza Islamica.

VCB ha quindi operato nel seguente modo:

- ha finanziato l´attivazione della start-up con 4 milioni di US$

-ha comprato 10 milioni di metri quadrati di terreno fertile di elevatissima qualità in Turchia investendo 39.5 milioni US$

-per rispettare i parametri etici che regolamentano la finanza Islamica ha ceduto il terreno a Turbe Armande,(TF), con una clausola di riscatto annuo parziale che entro 8 anni,(nel 2021), porterà TF ad essere proprietaria al 100% del terreno

TF ha poi iniziato ad implementare le tecnologie agricole nei terreni in Turchia.

3- L´evoluzione:

Goknur si occupa della produzione, lavorazione e commercializzazione dei prodotti e dei succhi/concentrati ricavabili. Il tutto ha permesso di inserire una filiera di prodotti caratterizzati da un più alto valore aggiunto in quanto ottenuti con delle tecniche di coltura innovative che, come si e´detto, sono state sviluppate dalla divisione di R&S della società Turca. Prodotti che sono stati accolti positivamente da un mercato sempre più interessato alla qualità anche in termini di bio-produzione

Parlando della evoluzione del progetto e´bene focalizzare l´attenzione anche su una metodologia di start-up derivata dall´applicazione della finanza Islamica al venture capital che e´una novità in Italia sebbene sia una prassi consolidata dato che questo tipo di finanza esprime un mercato mondiale da almeno 3 trillarti di dollari.

VCB rivendendo il terreno con un margine di guadagno prestabilito alla stesura del contratto VCB opera nel contest delle regolamentazioni della finanza Islamica ed al contempo genera profitto da quest´investimento.

4-L´input per il Made in Italy:

Quest´esperienza di successo genera un triplice input per il Made in Italy:

I- innovazione di processo:

La ricerca di partnership con realtà come Goknur può portare un valore aggiunto nei termini di know-how acquisibile.

II-Innovationen di forme di finanziert

La ricerca di partner finanziari che abbiano una caratura internazionale ed operanti nella dimensione della finanza Islamica può portare ,come si e´visto, a forme di finanziamento più interessanti rispetto ad altre più note. Forme di finanziamento che sono ottenibili anche da realtà non Mussulmane

III- ampliamento della rete commercial

Realtà come Goknur oltre a portare un know-how tecnico e le relazioni con il mondo da tre trillarti di dollari espresso dalla finanza Islamica portano con sé anche consolidate canali distributive e commerciali.

13-I mercati "hot" del venture capital

1- Il Mercato

Se si comparano gli USA con l' UE si rileva che esiste un divario immenso sia tra la disponibilità di fondi che per la capacità degli erogatori di accettare il rischio di investire in start-up che sono dei "pionieri" come pure nel farlo avendo una visione globale dei mercati.

Secondo la venture capitalist Eileen Burbridge negli USA e´molto più chiara la percezione degli investitori sulla necessità di finanziare un´espansione globale.

Il tutto si innesta in un "funding gap",(un divario della disponibilità di finanziamenti),che si sta´allargando pericolosamente a causa del combinato disposto della ripresa negli USA e della crisi nella EU. Alcuni esempi eclatanti sono:

I.   Housetrip,(http://www.housetrip.com,UK),nel settore dell´affitto di case per le vacanze. In sei anni ha raccolto 60 milioni di US$ da investitori privati espandendosi nel momento di massima espansione fino a raggiungere 30 mercati con una forza lavoro di più di 100 persone. A fronte della sempre più problematica concorrenza di Airbnb,(https://www.airbnb.com),la società britannica per mantenere le proprie ambizioni internazionali ha dovuto concentrarsi su mercati di nicchia,(le famiglie in cerca per almeno una settimana), piuttosto che competere sull´intero mercato oltreché ridurre la propria presenza internazionale. Per Housetrip quello che ha fatto la differenza rispetto al competitor USA e´stata la sproporzione nell´accesso al mercato di capitali. Airbnb ha potuto raccogliere circa 800 milioni US$ ed oggi e´valutata intorno ai 13 miliardi di US$. La problematicità nel trovare nuovi fondi ha costretto Housetrip a ritirarsi da molti mercati Europei per focalizzarsi essenzialmente su prodotti di nicchia per la Francia ed il Regno Unito.

II.   Hailo,(https://www.hailoapp.com,UK),con   un business   model   equivalente   a   quello   di Uber,(https://www.uber.com),ha trovato nella EU fondi per circa 100 milioni di US$,(anche da R. Branson,il fondatore di Virgin), quando negli USA il suo competitor ne ha trovati in sei anni per circa 5 miliardi di US$ raggiungendo un valore stimato sui 41.2 miliardi US$ e conseguendo la leadership mondiale nel settore. Hiabo ha abbandonato l´espansione negli USA per difendersi meglio dalla concorrenza sul quello Britannico/EU.

III. Snapchat,(https://www.snapchat.com,USA),ha trovato fondi per circa 600 milioni di US$.La società di Silicon Valley offre un servizio di mobile photo-messaging e grazie ai fondi raccolti sta´iniziando una rapida espansione anche in Europa

2- Il trend

Il fatto che esista questo divario e che sia crescente non implica però che gli start-up Europei non riescano a divenire dei competitor globali. Possiamo citare Spotiffy ed il suo Servizio di musica in streaming come pure Mojamg,(la società che ha creato Minecraft),che e´stata comprata da Microsoft per 2.5 miliardi di dollari.

Sebbene le start up nella EU abbiamo raccolto denaro come non mai,(7.6 miliardi di dollari nel 2014), siamo circa ad un quinto della raccolta negli USA,(37.9 miliardi di dollari nel 2014 con un incremento del 30% rispetto al 2013).

Il tutto contribuisce a finanziare l´indiscussa leadership tecnologica USA ed in merito si ricorda il cronico surplus commerciale USA rispetto al mondo nel settore tecnologico,(da Internet alle nanotecnologie passando per il settore medico ...).

Allo stesso tempo negli USA ci si inizia a chiedere se il settore non cominci a soffrire di una qualche "bolla" speculativa. Tutto e´iniziato nel gennaio di quest´anno a fronte di un´ennesima raccolta di fondi di Uber,(1.6 miliardi di dollari),grazie a Goldman Sachs che li ha raccolti presso investitori privati suoi clienti.

A Londra quest´evento ha fatto nascere la percezione che il mondo sia cambiato se e´possibile raccogliere una cifra di queste dimensioni in così poco tempo. Questo almeno secondo il famoso venture capitalist londinese S. de Rycker.

Una soluzione per gli Europei operanti nel mondo dell´Internet Delle Cose e´quella di capire cosa significhi che Internet sia un mercato a monopoli coesistenti. In Internet il "N.1" domina e si può avere spazio solo se non si compete con lo stesso prodotto/servizio ma solo e soltanto se ne si aggiunge un altro. Se,ad esempio, analizziamo il mondo dei Social Network vediamo che i vari leader sono de facto i monopolisti incontrastati e che ognuno di essi domina una "nicchia", un target specifico.

FaceBook non si sovrappone a Linkedin come pure Second Life non ad IMVU ... .

E´la lezione che ha ben compreso il Tedesco F. Meissner fondando nel 2011 EyeEm,(https://www.eyeem.com/). Conscio del fatto che questa dimensione del Social Networking,(quella delle Mobile Photo Apps), fosse dominata da Instagram ha "solo e semplicemente" creato un altro mondo per i Social Newtorkers coprendo un segmento. EyeEm e´il luogo di chi utilizza il proprio smart-phones per fare delle foto di qualità mentre Instagram lo e´per gli altri. L´approccio si e´rivelato vincente come dimostra,ad esempio, l´accordo in esclusiva con Getty Images che consente a chi usa EyeEm di vedere le proprie foto entrare nel database della società americana. Ed in questo modo e´a sua volta divenuto un "monopolista coesistente" nel contesto della sua nicchie nel mondo delle Mobile Photo Apps.

3- In Italia?

Il mondo del venture capital Italiano e´tutto tranne che sviluppato come meriterebbe una nazione che e´la seconda piu´industrializzata in Europa ed i cui cluster sono definiti come i secondi al mondo dopo quelli di Taiwan,(World Economic Forum 2014).

Partendo da questo dato le sole opzioni per chi desideri attivare uno start-up sono:

a) Pensare fin da subito di cercarsi degli investitori all´estero

b) Se non e´possibile di operare in Italia solo con operatori,(Italiani o stranieri che siano), che siano di caratura internazionale

c) Se nel contesto dell´Internet delle Cose,(IdC),applicare un approccio sul tipo di quello utilizzato dalla Berlinese EyeEm,(l´individuazione di segmenti non coperti in un mondo di monopoli coesitenti)

14-Un esempio di venture capitalist che usa la finanza Islamica

1-La Società:

Il Qatar Venture Capital,(QVC), per dimensione e´il primo venture capitalist al mondo tra quelli che usano i principi della Finanza Islamica per il venture capital. La Finanza Islamica e´de facto sconosciuta in Italia sebbene rappresenti un volume di almeno 3 triliardi di dollari con un tasso medio di crescita annuale dal 2009 ad oggi del 17.6%. Per questo motivo riteniamo utile parlare di un Venture Capitalist che opera con questi principi .Una,de facto,("quasi") novità per gli Imprenditori Italiani che e´ sicuramente una occasione di conoscenza generante uno strumento aggiuntivo nella loro pianificazione.

Il QVC offre una soluzione strategica a chi deve attivare uno start-up ed i suoi team seguono il Cliente dando un supporto a 360. gradi che si sviluppa nelle seguenti sei aree operative:

  I. generare un investimento nell´idea
 II. guidare nello sviluppo delle strategie di business
III. definire i punti di forza del prodotto/servizio
IV. consigliare nella gestione manageriale,(comprendendo anche una attivita´di head hunting)
 V. integrare nel network internazionali di relazioni del QVC
VI. -supportare la commercializzazione del prodotto
Il tutto nel contesto dei principi della Finanza Islamica che prevedono un approccio diverso rispetto ad altri Venture Capitalists per quanto concerne la renumerazione del capitale investito.

Il fatto che il QVC opera in base a questi principi non significa che non sia accessibile ai non Mussulmani dato che chiunque puo´accedervi se ha un progetto valido.

2-La mission:

La mission si sintetizza in una frase: **essere all´avanguardia nel realizzare la prossima grande idea.**

Nel rispetto dei principi della Finanza Islamica il QVC impiega un team di venture capitalist con una esperienza cosmopolita per identificare tecnologie e progetti innovativi che non solo abbiano un elevato potenziale nei termini di resa dell´investimento ma che si caratterizzino anche per lo sviluppare prodotti e servizi che incrementino in maniera sostenibile la qualita´della vita.

Con un´esperienza internazionale di investimenti caratterizzati dal successo in piu´di 200 societa´i team del QVC offrono un know-how unico nei termini della commercializzazione di nuove tecnologie, della innovazione come pure nell´utilizzo di nuove tecniche di venture capital.

3-I progetti che finanziano:

Il QVC finanzia queste cinque tipologie di progetto

  I. R&D high-tech
 II. Fashion
III. Retail
 IV. Energia Sostenibile
  V. Healthcare

Nel farlo implementa tre strategie di investimento che si adattano alle diverse fasi di sviluppo di uno start-up

-Strategia SEED,(per chi deve attivare uno start-up):e´focalizzata su chi deve iniziare con investimenti medi che vanno da 100.000 fino ad un milione di sterline.

- Strategia EARLY,(per chi deve consolidare uno start-up): e´finalizzata a chi e´nella fase di consolidamento del progetto e comporta investimenti tra 1 e 10 milioni di sterline.

-Strategia GROWTH,(per chi deve espandersi):e´rivolta a fornire il cosidetto *ramp-up funding* ,(l´investimento che consente il decollo dopo una fase di consolidamento),per gli Innovatori che hanno mostrato un solido potenziale di mercato nella fase post start-up e cercano ulteriori fondi. L´importo medio parte dai 10 milioni fino ai 75 milioni di sterline.

4-Dove operano:

In tutto il mondo ed anche con imprenditori non Mussulmani.

5- Esempi di investimenti:

VEREZCOM TECHNOLOGIES LTD

TECH LONDON

HAUTE ARABIA

JUNTOBOX

FLAVOR PARK

WINKBALL

THE PLATFORM

GIVE TRULY

SOLIS POWER

SUB SEA INFRASTRUCTURE

TILTER ELECTRIC VEHICLE

ALIZEO TILTING WIND TURBINE

TAKAFUL

ISLAMIC BANKING IMPLEMENATION

NATIONAL HALAL FOOD

REFINE ISLAMIC ART PUBLICATION

ISLAMIC IMAGES

DAYYAN COLLEGE

NAWAL AL KUWARI

PINKS BOUTIQUE

APPAMAN

15-Dalla Francia il car sharing oltre i limiti di Uber

lo start-up Francese BlaBlaCarha generato un´innovazione di prodotto nel segment del viaggio in automobile condivisa,(ride-sharing), che gli consente di coprire un´interessantissima nicchia di mercato lasciata al momento scoperta dai leader di mercato Uber ed Airbnb. La società francese offre una soluzione che consente il car sharing per le lunghe distanze. Copre 15 paesi tra EU,Extra-EU e World ed e´in espansione. L´evoluzione di questo servizio può innestare a sua volta un´innovazione di prodotto nell´industria automobilistica sul tipo di quella che e´in corso in Germania e di processo nella gestione dei viaggi aziendali.

1. Cos'è stato innovato grazie a BlaBlaCar?

l´innovazione di prodotto e´stata la creazione di un´Apps che consenta di condividere un auto qualora si debba fare un lungo viaggio. Al momento il servizio copre 18 nazioni così suddivise:

-EU:Germania, Francia, Italia, Ungheria, UK, Bulgaria, Olanda, Belgio, Lussemburgo, Polonia, Portogallo,Romania

-Extra EU in Europa: Russia,Ucraina,Serbia

-World:India

2. Perché è promettente e perché sta avendo successo?

In un contesto di mercato sempre più influenzato da un lato dalla dimensione culturale di un utilizzo sempre più ecologicamente responsabile e sostenibile dell´automobile e dall´altro dalla necessità di risparmiare sui costi questa innovazione di prodotto si traduce in una soluzione che non solo ha successo ma che ne avrà ancora di più.

Il ride-sharing infatti consente di ottimizzare l´uso di una automobile condividendo il consumo di idrocarburi e relative emissioni di CO_2 tra più viaggiatori.

Permette di ovviare ai limiti di accesso nelle città in presenza di criticità con le soglie di inquinamento in quanto l´automobile e´occupata da più persone.

Infine di conseguire notevoli risparmi.

Il tutto nel contest della sicurezza garantita dal BlaBlaCar relativamente alle persone che partecipano la ride-sharing dato che la loro identità e´nota.

3- L´evoluzione:

Le evoluzioni immediate che confermano quanto sia promettente questa innovazione di prodotto sono almeno due e le possiamo definire come innovazioni di processo e di prodotto a seconda del contesto in cui avvengono .

La prima e´un´innovazione di prodotto che interessa sia l´industria automobilistica che quella dell´autonoleggio partendo dalle esperienze in essere da almeno due anni in Germania.

In Germania al momento e´possibile fare ride-sharing sulle brevi distante affittando direttamente dal produttore un´automobile per andare in un aeroporto e poi lasciarla presso una società di autonoleggio. In Monaco di Baviera si può, per esempio,contattare un numero verde della BMW e noleggiare un´auto e poi lasciarla presso il centro Six presso l´aeroporto .Il tutto ad un costo equivalente a quello della navetta che collega la città all´aeroporto,(30 euro).

Nulla vieta di estendere questo servizio a distanze più lunghe integrandolo magari con forme di leasing o ride-sharing perpetual rent,(affitto perpetuo a fronte di ride-sharing), da attivarsi per "frequent car travelers" come una sorta di fidelizzazione dopo un certo numero di chilometri.

E questo ci porta alla dimensione dell´innovazione di processo nella gestione dei viaggi aziendali in automobile a cui sta pensando BlaBlaCar.

Le Aziende ,a fronte di idonee ricevute comprovanti il viaggi,potrebbero acquistare moduli di car-sharing programmati per il loro personale e farlo viaggiare in questo modo con notevoli risparmi nei termini di costi di noleggio e di carburante oltreché in condizioni di minor stress. I loro dipendenti infatti non guidando arriverebbero più riposati alle loro destinazioni e, non ultimo,potrebbero utilizzare il viaggio anche per lavorare con i loro computer.

16-I talenti accelerati

Il Design & Crafts Council of Ireland e´finanziato dal governo di Dublino per divenire un incubatore di talenti dell´industria del design,del food e del fashion Irlandese. Ha introdotto un´innovazione di processo nel contesto delle strutture Governative atte a supportare la PMI sia nel processo di crescita,(agendo come formatore), che di internazionalizzazione, (agendo come incubatore).

1. Cos'è stato innovato grazie al Design & Crafts Council of Ireland,(DCCOI)?

Il DCCOI attua una innovazione di processo nel contesto delle strutture Governative atte a supportare le realtà industriali e lo fa in Irlanda operando come un supporter globale,(one-stop support center, OSSC),di realtà ad elevato potenziale operanti nel settore del design,food e fashion.

Un OSSC finalizzato ad agire sia come formatore che come incubatore delle PMI. Il tutto in un periodo di formazione che dura un anno finalizzato a portare i soggetti dallo stato iniziale delle loro idee /produzioni a quello finale di essere in grado di vendere nel mondo,(e qui opera come incubatore).

La novità risiede appunto nell´essere al contempo una realtà che forma ed una dimensione che agisce come incubatrice. Ovvero nell´integrare in un solo contesto,(one-stop),sia la formazione che l´incubazione di realtà imprenditoriali.

La formazione si occupa sia della innovazione dei prodotti che di quella dei processi,(dalla logistica alla comunicazione passando dalla produzione e via dicendo), consentendo alla realtà imprenditoriale di avere un supporto a 360 gradi.

A questo si aggiunge ,integrandola, la dimensione come incubatore del DCCOI che si concretizza nell´offrire all´azienda una serie di servizi che vanno dal supporto alla commercializzazione internazionale mediante le strutture del governo Irlandese all´accesso di tecnologie nel contesto di progetti di partnership con industre e distretti industriali locali come pure al credito agevolato od alle agevolazioni fiscali.

2. Perché è promettente e perché sta avendo successo?

Se da un lato e´vero che vi sono stime per un incremento del PIL Irlandese variando dal 3 al 3.5% nel 2015 dall´altro lato e´anche vero che l´industria del lifestyle,(intendendo con lifestyle l´insieme non esaustivo di fashion, food, design),Irlandese e´ nel suo insieme ancora troppo impreparata per i mercati internazionali.

La ragione del successo dell´attività del Design & Crafts Council of Ireland,(DCCOI),risiede proprio nella sua capacità di agire come formatore/incubatore della PIMI Irlandese al fine di coprire questo gap strutturale.

Ed in questo,ovviamente,risiede anche il fatto che il DCCOI continuerà in futuro come elemento chiave della politica industriale di Dublino.

3- L´evoluzione:

Le PMI hanno bisogno, un disperato bisogno di poter operare conoscendo il mondo, ovvero sintetizzando in una frase: hanno bisogno di un formazione

Allo stesso tempo hanno un non minore bisogno di strumenti finanziari e di know how che le aiutino poi a muoversi nei mercati per poter vendere quello che hanno imparato a produrre come il mercato richiede che sia prodotto. Ovvero sintetizzando in una frase: hanno bisogno di un incubatore.

Il DCCOI fondendo queste due dimensioni,(l´essere formatore ed incubatore,ovvero agendo come un supporter globale delle PIMI),ha attuato un´innovazione di processo nel contesto del supporto dell´export del Made in Ireland che e´un modello per altre nazioni,(Italia compresa dato che e´un peccato che non si sia creato nulla di simile come "spin-off" di EXPO 2015).

Il DCCOI intende integrare sempre più settori industriali Irlandesi. E´partito con il design ed il fashion e nel 2015 ha integrato anche il food.

In futuro si muoverà per integrare anche la dimensione del turismo in ogni aspetto della catena dell´ospitalità. Nel pratico selezionando,formando ed incubando realtà in diversi settori del turismo in modo da creare per il soft power del Sistema Irlanda realtà che sappiamo seguire, "coccolare" il visitatore dalla informazione sull´appeal dell´Irlanda - prima per interessarlo e poi convincerlo sul fatto che l´Irlanda sia la destinazione che soddisfi i suoi bisogni - fino al momento in cui il visitatore,(turista o il business people che sceglie l´Irlanda per tenere una convention che sia), e´tornato a casa e lo si vuole far ritornare.

Un secondo ambito sarà il mondo multimediale e le sue implicazioni nei termini di comunicazione del soft power delle PMI Irlandesi.

Il tutto nel contest della politica industriale di Dublino finalizzata a generare la percezione del soft power di un "lifestyle Ireland".

17-La discrezione paga sempre ...

Nel settore dell´intermediazione societaria e nel reperimento di venture capital per le società operanti nell´high tech,(hardware,software),e nel multimedia introducendo una innovazione di processo che ha generato una tipologia di offerta al momento unica al mondo. Il processo e´relativo alla selezione all´interno del database che la società delega ad un sofisticato algoritmo creando la prima realtà al mondo operante in questo modo. Ovvero creando una piattaforma mercato anonima dove un software genera le combinazioni ideali tra soggetti interessati a vendere/comprare,(software empowered merger-&-acquisition marketplace, SEMAM), come pure a cercare venture capital,(VC).

1. Cos'è stato innovato grazie ad Exitround?

La concezione del mercato in cui le domande relative alle operazioni di M&A come pure di VC nel settore high-tech si incontrano creando una piattaforma anonima dove grazie ad un sofisticatissimo algoritmo che non ha pari al mondo gli utilizzatori possono: Ed e´questa l´innovazione di prodotto generata in un mondo dove altrimenti non mancano i punti di incontro online anonimi per domanda/offerta di M&A e VC.

Nel concreto e´possibile utilizzare questo sistema per conseguire questi tre obiettivi chiave:

- identificare con un´efficacia ed efficienza senza pari chi possa essere l´azienda ideale da contattare

- la sicurezza di essere sempre in contatto -nel senso di avere nel database- con le realtà più aperte al rischio ed alla innovazione

- essere guidato dal software nel presentarsi in modo da essere sempre in sintonia con i codici comunicativi del momento. Ovvero non si ha mai una seconda occasione per dare la giusta prima impressione di sé.

2. Perché è promettente e perché sta avendo successo?

Il mondo del merger-&-acquisition ,(M&A), e´complesso e di non facile accesso se non si e´localizzati in alcune aree del mondo o se non si ha una dimensione minima. A questo si aggiunge anche la difficoltà di comunicare e far percepire il proprio valore aggiunto. Lo stesso dicasi per il VC. Il tutto poi si aggrava se si considerano fattori esogeni come le crisi generali o la percezione superficiale ma negativa nei confronti di una regione piuttosto che di un mercato a causa di eventi erroneamente iper-mediatizzati. Nel pratico pensiamo all´Italia pochi anni fa piuttosto che oggi ad un paese in Italia per i più ignoto ma ad altissimo potenziale come la Malaysia.

In questo contesto l´intuizione che ha avuto Extiround: il superare tutte queste barriere creando un mercato anonimo dove un sofisticato algoritmo guidasse un software in grado di generare un incontro tra un venditore ed un compratore per una M&A come pure tra chi cercasse e chi offrisse VC in modo tale che le richieste e necessità di entrambe le parti fossero soddisfatte al 100%.

Questo ne spiega il successo presente ed e´la garanzia del successo futuro.

3- L´evoluzione:

Le linee guida di sviluppo futuro del prodotto di Exitround sono intuibili nel contesto di queste due dimensioni :

- attivare una innovazione organizzativa che consenta una gestione multilingue della clientele

- allargare l´offerta di M&A e VC sia in maniera orizzontale,(più settori oltre all´hi-tech),che verticale,(più offerta specialistica)

18-ABC ... Merchandising 2.0

La ABC , noto gruppo mediatico USA, ha sviluppato per una della sue serie televisive di maggior successo internazionale, "Castle", un´innovazione di processo relativamente al merchandising che e´rivoluzionaria. La novità rispetto ad una forma più tradizionale risiede nel livello altissimo ed ineguagliato di caratterizzazione del prodotto legato al protagonista inventato della serie. Un livello che consente che il prodotto percepito come creato da un persona reale dato che il personaggio inventato viene percepito come tale .

1. Cos'è stato innovato?

La ABC con la serie televisiva "Castle" ha evoluto ed innovato il concetto di merchandising creando un livello di caratterizzazione del prodotto di una magnitudo superiore a quello a cui si e´normalmente abituati.

Il protagonista della serie e´uno scrittore di romanzi polizieschi della New York dei nostri giorni. Uno scrittore che esiste solo nella serie e che affianca quotidianamente una squadra di tre investigatori criminali per trovare ispirazione seguendoli nelle loro indagini. La serie e´per un pubblico di ogni età dato che non scade mai nella violenza gratuita come pure nella volgarità del linguaggio o delle scene.

La ABC pubblica i romanzi che lo scrittore nei vari episodi dice di scrivere ispirandosi a quanto vede.

Ed e´qui che risiede l´innovazione.

La ABC pubblica in diverse lingue questi romanzi attribuendoli allo scrittore con tanto di sito ufficiale in cui vi e´la foto dell´attore che lo in - personifica poi anche nei tour promozionali dei romanzi.

In questo modo ha creato la percezione che il personaggio della serie, Richard Castle interpretato da Nathan Fillion ,che non esiste sia in realtà una persona reale.

Il successo per i sei romanzi pubblicati fino ad ora e´stato immediato ed internazionale. Lo testimoniano, ad esempio, l´essere comparsi più volte nella lista del New York Times dei romanzi più venduti negli USA, la traduzione in 12 lingue e la vendita di circa 2 milioni di copie.

L´aver creato un personaggio editoriale di successo unendo quello inesistente di una serie televisiva e´l´innovazione rispetto al merchandising tradizionale dove i prodotti sono si legati agli eroi delle serie piuttosto che dei film ma i compratori hanno sempre chiara la percezione del fatto che non esistano.

2.   Perché è promettente e perché sta avendo successo?

La serie televisiva "Castle" viene trasmessa anche in Italia su Rai 2 in prima serata il sabato sera con un ottimo ritorno in termini di audience.

Nel panorama delle serie poliziesche dominato da produzioni Americane, Tedesche, Inglesi, Svedesi e Francesi si caratterizza per i seguenti motivi:

- Rispetto alle serie Americane e´indubbiamente meno violenta e non vi e´ne´la presenza di un linguaggio volgare come pure di scene a sfondo erotico

- Rispetto a quelle Tedesche offre un livello enormemente superiore di ironia e simpatia dei personaggi oltreché meno violenza gratuita

- Rispetto a quelle Francesi un livello di "provincialismo" enormemente inferiore

- Rispetto alle Svedesi la caratterizzazione dei personaggi e´di un livello equivalente senza però avere negli episodi tutte le problematiche caratteriali tipiche dei polizieschi di qualità prodotti in Svezia

- Rispetto alle serie Inglesi meno violenza ed un livello di humour equivalente

Pertanto la serie USA riesce a soddisfare le audience di diversi paesi dove e´sempre in prima serata.

Su questa capacità di soddisfare la domanda di un prodotto televisivo rilassante si innesta la dimensione della caratterizzazione del protagonista della serie, Richard Castle, che e´unica ed ineguagliata nel senso che per i telespettatori finisce col divenire un personaggio reale che scrive veri romanzi che sentono citare negli episodi e poi possono comprare nelle loro librerie.

Questo spiega anche perché l´ABC sebbene abbia creato per la serie diverse home pages come pure di siti nei social network non abbia mai optato per Internet.

Ad esempio il numero degli iscritti nella pagina ufficiale di Facebook   e´di   158.887,ovvero   un   numero incredibilmente basso se si considerano parametri come il successo internazionale ed il numero di copie dei romanzi vendute.

Questo dato fa riflettere nel senso che conferma l'intuizione dell'ABC nell'impostare una strategia di merchandising in cui la caratterizzazione del personaggio di fantasia della serie fosse così elevata da essere per la prima volta considerato come un personaggio reale.

Un vero e proprio Merchandising 2.0 ancora tutto da scoprire e da sfruttare nei termini dell'inserimento di prodotti da far utilizzare a Richard Castle,(product placement). Prodotti legati ovviamente a delle brand che in questo modo si promuovono.

In altri termini pensare per Richard Castle quello che ,per esempio, Omega ha pensato per James Bond con la famosa pubblicità sulle migliori testate internazionali che fa vedere l'attore impersonante James Bond con lo slogan " James Bond's choice",(la scelta di James Bond).Se si necessitano conferme in merito allora Omega e'paradigmatica dato che genera più immagine il fatto che i suoi orologi siano usati da James Bond rispetto all'essere stati scelti dalla NASA in quanto in grado di soddisfare gli elevatissimi standard tecnologici richiesti per fornirli gli astronauti. In altri termini se fa'più immagine per un orologio l'essere al polso di James Bond mentre apre una bottiglia di champagne che di Neil A. Amstrong mentre cammina sulla Luna allora la ABC ha colto nel segno a conferma di un successo che durerà nel tempo ed indubbiamente il product placement sarà il futuro per la ABC.

Sul fatto che questa dimensione inizi a divenire un trend lo si può rilevare con Ubisoft. La società USA leader nel settore dei video-giochi sta´replicando quanto fatto dalla ABC pubblicando una serie di romanzi aventi come protagonisti gli eroi delle varie versioni di uno dei giochi piu´di successo al mondo: Assasins Creed.

Al momento sono stati pubblicati in varie lingue 5 romanzi in cui gli eroi delle varie edizioni dei giochi sono affiancati da personaggi come Nicolo´Polo o Nicolo´Macchiavelli ... ed il tutto si commenta da solo a dimostrazione che siamo entrati nel Merchandising 2.0 .

19-Gestire la realtà usando gli occhi

Grazie alla societàCinese 7invensun a breve saranno disponibili due nuovi prodotti in grado di migliorare notevolmente la nostra capacità di interagire con la dimensione digitale della nostra realtà quotidiana usando solo gli occhi per operare in contemporanea in una pluralità di ambienti,(multi tasking life,MTL) dato che la realtà e´un connubio senza soluzione di continuità tra la fisicità del fisico e quella del digitale,(= il DUAL) . Una MTL che viviamo sia sul lavoro che nel tempo libero. I prodotti sono Amouse ed Aglass e sono soluzioni nel contesto della tecnologia da indossare che si basano sull´utilizzo dello sguardo per operare, (wereable eye-tracking technology,WETT).

1. Cos'è stato innovato grazie a Amouse ed a Aglass?

Rispetto alle altre soluzioni WETT esistenti sul mercato i nuovi prodotti di 7invensun offrono un livello di innovazione che li pone all´avanguardia.

Aglass offre le seguenti prestazioni che al momento non hanno rivali nel senso di essere integrate in un solo prodotto:

I- Riconoscimento dell´iride che agisce come una password che impedisce a chi non registrato di usare il prodotto consentendo la massima protezione possibile dei dati contenuti

II- Rilevamento della stanchezza oculare analizzando lo sbattere delle ciglia a cui segue automaticamente una variazione delle impostazioni per compensare l´affaticamento

III- Interazione con sistemi di progettazione CAD come pure di analisi della realtà su base digitale mediante una telecamera speciale integrabile

IV- Ergonomicamente fruibilissimi sia per la flessibilità di adattamento alla struttura del cranio dell´utente che per il peso ridotto,(meno di 100 grammi)

V- Il potere mettere a fuoco e quindi fotografare/registrar un´immagine in maniera dinamica grazie ad una tecnologia sviluppata da 7invensun che consente una messa a fuoco mediante il puntamento con gli occhi,(eye-motion focusing,EMF),con una rapidità, precisione e naturalezza, (fondamentale per ridurre la stanchezza oculare),unica

VI- Le prestazioni in termini di EMF sono poi accentuate per il fatto che Agass consente una messa a fuoco automatica dell´immagine mediante un sistema che offre le prestazioni migliori in termini di gestione della distanza intra-pupillare finendo sia col ridurre la stanchezza oculare che incrementando la qualità di quanto si vede

VII-   L´avere inserito un micro-display modulare che offre in contemporanea in una sezione dell´occhiale la possibilità di avere una vision tri-dimensionale di tipo binoculare

VIII-   La drastica riduzione delle sensazioni di vertigine che spesso accompagna le WETT mediante una nuova tecnologia che stimola la messa a fuoco dell´occhio in maniera piu´naturale

IX- Il potenziamento della capacità di coordinamento delle azioni per via oculare grazie al fatto che vengono accettati sia i comandi vocali che quelli attuati con il gesto della mano.

Relativamente ad Amouse le innovazioni rispetto alla concorrenza nel settore dei mouse operanti senza tracciatore basato su un punto di riferimento,(dot-free tracking technology,DFTT),sono:

I-   La possibilità di usare qualsiasi telecamera presente sul mercato offrendo una versatilità ed un contenimento dei costi,(non si e´obbligati a comprare solo un prodotto 7invensun),senza pari

II- L´implementazione di una tecnologia che consente di tracciare sul display di un computer come pure di un tablet piuttosto che di uno smartphone usando la testa con prestazioni equivalenti a quelle dei tracciatori usati nei caschi dei piloti militari. In questo modo rispetto alla soluzione offerta da Samsung con l´S4 il tracciamento dei dati suk display e´molto più accurato. Si cita l´S4 in quanto al momento e´il prodotto con le migliori performance sul mercato e quindi il riferimento con cui confrontarsi.

III- Una visione sia tridimensionale che a 360 gradi senza pari che risulta meno affaticante per gli occhi

IV- Un´interazione senza precedenti con i comandi vocali e con quelli a tracciamento gestuale remoto.

2. Perché è promettente e perché sta avendo successo?

La WETT e´l´avanguardia della tecnologia da indossare, (wereable technology,WT). La WT e´diffusa presso almeno il 20% degli utenti di hardware ed il 2015 e´l´anno in cui avverrà un salto di qualità rispetto ad altre tecnologie che indossiamo quotidianamente come gli smartphone.

Da un lato la crescente complessità delle interazioni con l´Internet delle Cose e dall´altro la non meno crescente necessità di agire sempre più con la dimensione digitale della realtà per integrare/potenziare quando viene fatto nella dimensione fisica richiede di poter avere a disposizione dei prodotti in grado di offrire delle soluzioni efficaci.

Questo porta ad una evoluzione nei prodotti WT che si sviluppano nel contesto di tre grandi filoni:

-    I prodotti operanti con comandi vocali, (wereable vocal tracking technology, WCTT)

-    I prodotti operanti con comandi basati sul tracciamento gestuale remoto ,(wereable remote moving tracking technology,WRMTT)

-    I prodotti operanti mediante l´uso degli occhi,(WETT)

Le soluzioni che 7invensun sta´per lanciare sul mercato si inseriscono nel contesto di quelle WETT integrando però anche funzionalità molto elevate rispetto alla concorrenza nei contesti WCCT e WRMTT.

Pertanto Amouse ed Aglass sono in grado di operare utilizzando al meglio delle tecnologie al momento disponibili tutte le potenzialità di controllo remote offerte dal corpo umano. Il tutto genera una fruizione dei prodotti ,(sia sul lavoro come pure nel tempo libero),che consente di operare in una molteplicità´di contesti,(multi tasking life,MTL), riducendo sia l´affaticamento da utilizzo che aumentando le nostre prestazioni.

La MTL e´e sarà sempre più una costante della nostra vita al crescere dell´Internet delle Cose e quindi ogni soluzione che sia in grado di farci interagire operando in simultanea utilizzando soluzioni WTT,WCCT,WRMTT e´destinata ad avere successo in quanto migliora il nostro quotidiano sia sul lavoro come pure nel tempo libero.

20-Se in EXPO 2015 gli eventi si creassero (anche) con un telefonino ...

Accupass e´una soluzione dell´azienda Taiwanese Acuvally che consente la gestione di tutti gli aspetti di un evento creato mediante una applicazione che utilizzi il cloud ,(event-based mobile commerce,EBMC).Una soluzione che si focalizza sulla promozione dell´evento come pure sulla gestione della transazioni e connessioni tra chi lo organizza e chi vi partecipa. Accupass opera in cloud sia con ogni tipologia di PC e Tablet come pure con gli smartphones consentendo congrui risparmi nell´organizzare un evento.

1. Cos'è stato innovato grazie ad Accupass?

"Semplicemente" il modo di concepire l´organizzazione di un evento di qualsiasi tipo e l´interazione tra chi lo organizza e chi vi partecipa a vario titolo.

La soluzione utilizzando anche un piattaforma dedicata di supporto,(Huodongxing), integra ogni aspetto della gestione di un evento e lo fa in cloud ed in questo si diversifica dalla concorrenza che – al momento- non e´in grado di offrire un servizio equivalente.

Assistiamo ad un vera e propria evoluzione nella gestione dei social network come vettore per la promozione di un evento,(social ticketing platform,STP).

In cosa si diversifica e quindi innova? Nella gestione della interazioni che sono concepite in simultanea a tre livelli:

- Tra i partecipanti, intendendo un insieme di relazioni a sé e considerando le varie tipologie di partecipanti come un sub-insieme/target.

- Tra gli organizzatori ed i partecipanti, intendendo un insieme di relazioni a sé con ogni tipologia di partecipante,(il visitatore , il compratore, il giornalista ...)
- Tra i partecipanti e gli organizzatori inteso come insieme di sotto-insiemi di target

In questo modo per chi organizza si ha il duplice beneficio di avere sia la visione sull´insieme delle reazioni/interazioni tra chi partecipa che di averlo in tempo reale. In questo modo cogliendo le reazioni ed interazioni dei vari gruppi di partecipanti può agire/interagire immediatamente la fine di ottenere la massimizzazione del successo dell´evento

Ovvero e sintetizzando in una frase: chi organizza in tempo reale può accentuare l´impatto delle reazioni positive come pure intervenire per ridurre quello di quelle negative cogliendole e capendole.

2. Perché è promettente e perché sta avendo successo?

Sebbene ancora poco diffuse ed ancora meno capiti queste soluzioni appartengono alla dimensione del marketing trans-dimensionale,(MTD).

Il MTD si occupa delle relazioni globali con i target intendendo con globale il seguirli sia nella loro dimensione fisica che digitale. Ovvero "on-e-off line" dato che- in estrema sintesi- il mondo e´fatto di bit come pure di mattoni e si deve comunicare/relazionare sia con i pixel che con l´inchiostro. Chi non lo comprende e non usa il MTD optando solo o fondamentalmente per una sola delle dimensioni della realtà,(sia essa la fisica piuttosto che la digitale),e´destinato al fallimento in quanto incapace di comprendere ed interagire con la complessità del mercato.

Accupass come evoluzione innovative dell´EBMC si affianca ed integra a tutto un insieme di soluzioni del marketing trans-dimensionale aumentandone la capacità di cogliere in tempo reale il target di riferimento.

E lo fa comunicando con le Persone e quindi interagendo con loro con tutti i benefici facilmente intuibili in termini di differenziazione e poi di fidelizzazione della Brand.

Il tutto consentendo la gestione di eventi complessi ed a distanza con costi molto contenuti rispetto alle soluzioni tradizionali e quindi offrendo nuove opzioni anche alle PMI.

21-Micro - ottiche meno care e piu´performanti

Le strutture ottiche compatte per il laser,(compact laser modules,CLM),sul mercato non vanno oltre l´essere composte da un diodo al laser, delle buone lenti ed alcune parti meccaniche. La società Olandese Anteyon ha innovato questo prodotto grazie ad un nuovo sistema di design delle lenti che ha notevolmente incrementato le rese rispetto alla concorrenza. Le innovazioni consentono sia di produrre con costi inferiori che un uso dei laser senza schermatura di protezione e quindi in una pluralità di contesti/condizioni in cui al momento non era possibile.

1. Cos'è stato innovato grazie ad Anteyon?

Anteyon e´andata oltre la creazione di CLM in grado di generare un sistema di collimazione delle lenti ma che e´anche in grado generare una sottilissima linea verde che crea un raggio laser innocuo per gli occhi degli operatori.

A tal fine ha innovato il prodotto generando un CLM in cui:

-la distanza tra il modulo ed il piano focale e´ 50±0.3mm

- un impulso sul piano focale di $<\pm100\mu m$

- un impulso alla pupilla <1mm

- un´uniformità di impulso per tutta la lunghezza del raggio contenuta in 0.5mm <10%

Il tutto innovando il design delle lenti cilindriche utilizzate per i CLM ad uso industriale che consente un´emissione di un raggio laser che non solo e´innocuo per la vista ma anche in grado di non degradare in condizioni ambientali ostili ed ,infine ,di essere più accurato di quelli prodotti dalla concorrenza.

Pertanto aumentano considerevolmente gli ambiti in cui può essere usato sia per il fatto che le prestazioni non vengono degradate da condizioni ambientali ostili,(ad esempio meteo od in presenza di fumo),che per il fatto che non richiede protezione oculare per gli operatori.

Inoltre Anteyon grazie a questa innovazione di prodotto può produrre a costi contenuti un elevato volume di micro - ottiche integrate utilizzando un wafer di contenimento con uno spessore di 8 pollici. Micro - ottiche che poi vengono utilizzate per la produzione degli apparecchi in base alla specifiche tecniche della Clientela.

2. Perché è promettente e perché sta avendo successo?

Dai codici a barre passando per la necessità di avere unità di memoria sempre più performanti sia in termini di volume di informazioni salvate che di velocità di accesso oltreché di sicurezza meccanica la domanda di CLM e´in continua crescita.

A questo si aggiunge quella dei sistemi wireless concepiti per un insieme di soluzioni hardware,(devices),sempre più presenti nella nostra quotidianità.

In altri termini ogni miglioramento nelle prestazioni dei sistemi CLM incide su quelli di una nutrita famiglia di prodotti tecnologici diffusissimi:

(NOTA esplicativa: ho verificato la traduzione con documentazione tecnica ed ho chiesto a conoscenti la conferma. Per scrupolo in alcuni casi ho preferito aggiungere in ogni caso la definizione in inglese tra parentesi)

- Moduli ottici per apparecchiature video/fotografiche, wafer di lenti per micro - ottica, wafer ottici impilati,(camera modules, lens wafers, stacked wafers)

- Lenti asferiche e strutture lenticolari

- -Lasers: moduli di diode di laser , collimatori di fibbre,(diode lasers oodules, fiber collimators)

- Strutture ottiche planari: ottiche di precisione, rivestimenti ottici, rivestimenti con polveri con peculiarità ottiche,(powder blasting)

- Strutture foto-meccaniche

- Strutture ottiche per DVD

- Lettori di codici a barre

Ovvero dall'industria fotografica a quella delle ottiche di precisione come pure quella che produce DVD per una pluralità di usi ma anche per i produttori di lettori di codici a barre e per chi produce diodi laser industriali l'innovazione di prodotto generate da Anteryon consente notevoli benefici.

Sia nei termini di una maggiore possibilità di uso in ambienti prima considerati critici,(vuoi a causa delle condizioni ambientali o della problematicità nell'indossare le protezioni ocular), che per il minor costo del prodotto.

Anteryon quindi e´in grado di soddisfare le richieste di una serie di mercati in continua espansione dato il livello di diffusione di periferiche sempre piu´integrate con l´Internet delle Cose. Ovvero di essere nelle condizione di poter operare in mercati che non soffriranno di crisi negli anni a venire

22-Un ECG dal telefonino

Alivecor sta´per lanciare la terza generazione di ECG usabili con uno smartphone. Si tratta di AliveCor Heart Monitor III e la nuova generazione, compatibile con Android ed Apple, si contraddistingue per un minore costo,una maggior performance oltreché una più elevata trasportabilità .L´innovazione risiede sia nell´aver potenziato l´algoritmo che guida il processore come pure nel disporre di una piattaforma server remota,(cloud),molto più potente. Il risultato e´il consentire per la prima volta anche un monitoraggio in condizioni non critiche.

1. Cos'è stato innovato grazie a AliveCor Heart Monitor III?

Hearth Monitor consente di monitorarsi con un ECG in ogni momento e ha ottenuto una certificazione dell´ente certificatore Americano sui prodotti medici,(la Federal & Drug Administration,FDA), che ne attesta la possibilità di effettuare sia lo stoccaggio che il trasferimento remoto wireless del risultato del test medico mediante un canale criptato dedicato.

Il trasferimento dei dati al server e´criptato in modo da garantire la privacy del Paziente e può essere consultato in ogni momento in modalità remota,(Cloud). Inoltre e´in grado di stampare come pure di inviare via email il risultato.

Rispetto alle generazioni precedenti l´innovazione di prodotto di Alivecore si basa su due elementi chiave.

Il primo elemento e´ l´aver potenziato l´algoritmo in modo tale che per la prima volta sia possibile monitorare anche eventi cardiaci normali e non solo quelli generati da emergenze. Questo consente al Paziente di aver un monitoraggio più continuo ed al Medico di meglio poter valutare in tempo reale l´andamento cardiaco.

Il secondo elemento e´il potenziamento del Cloud grazie ad una collaborazione con Preventice Solutions, ovvero il leader tecnologico delle piattaforma Cloud per il monitoraggio cardiaco. Mediante questo nuovo uso del Cloud si rende possibile il monitoraggio continuo anche in condizioni normali ed e´la prima volta che questo accade.

2. Perché è promettente e perché sta avendo successo?

I produttori di ECG usabili con uno smartphone affrontano tre problemi:

- i loro prodotti non devono essere costosi per poter essere accessibili ad un ampio numero di pazienti. Sia tramite la copertura assicurativa che con una spesa diretta se non vi fosse la copertura

-devono essere estremamente trasportabili e questo si traduce sia in un ingombro ridotto che in batterie a lunga durata

- devono essere affidabili e di facile utilizzo

Con la terza generazione di Heart Monitor la società Americana Alivecore ha prodotto un apparecchio più performante in termini di accuratezza dell´ECG come pure di facilità d´uso che per la prima volta consente un monitoraggio Cloud del Paziente anche in condizioni normali ed e´questa l´innovazione di prodotto che differenzia ed innova Heart Monitor rispetto alle generazioni precedenti.

Per il momento la terza generazione di Hearth Monitor e´disponibile solo negli USA, nel Regno Unito,Irlanda,India ed Australia.

Questo tipo di soluzioni sono l´ideale per monitorare una fibrillazione atriale,(AFB),ovvero la principale causa di infarto. Un rischio per almeno 140 milioni di persone al mondo. Il costo sociale di questa patologia e´elevatissimo se,ad esempio,pensiamo che per l´Organizzazione Mondiale della Sanità l´infarto e´la seconda causa di morte al mondo che solo negli USA il costo sociale e´stato stimato nel 2010 a 73.7 miliardi di dollari.

Il poter disporre di apparecchi sempre più performanti ed economici consente un migliore monitoraggio dei Pazienti riducendo sia il rischio di morte come pure i costi per la prevenzione e cura degli infarti. Ovvero l´ottenimento sia di un sostanziale miglioramento della qualità di vita delle persone che una non meno sostanziale riduzione dei costi del welfare.

23-Frodare e´ più difficile

Argyle ha integrato le proprie tecnologie antri-frode con PrestoDB,prodotto da FaceBook, e con Apache Accumulo,prodotto dalla Apache Software Foundation,generando un nuovo prodotto, ArgyleData,in grado di prevenire le frodi. ArgyleData e´un´applicazione di nuova generazione operante con grandissimi volumi di informazioni,(ad esempio anche oltre un tetra-byte), integrando in simultanea molteplici quanto differenti piattaforme oltreché in contemporanea sia in Internet che nella telefonia mobile. Il tutto per garantire il rilevamento in tempo reale di una frode,(real-time fraud detection, RTFD).

1. Cos'è stato innovato grazie a ArgyleData?

Con questo prodotto inizia una nuova generazione che ha aperto nuove frontiere per la RTFD.

La soluzione di Argyle e´strutturata nel seguente modo:

-    Per la prima volta viene utilizzato PrestoDB -al fine di sintetizzare i dati generando un numero elevatissimo di verifiche in contemporanea su diverse piattaforme - in sinergia con Apache Accumulo- per poi definire una priorità di intervento

-    Opera sia in Internet che nella telefonia mobile,(ovvero intercetta le frodi mentre iniziano ad avvenire anche mediante i nostri telefoni cellulari)

-    Infine – ed e´qui che risiede il valore aggiunto che genera l´innovazione di prodotto rispetto alla concorrenza

- usando un algoritmo prodotto da Argyle si sviluppa l'analisi RTFD

-

Il fattore chiave dell'innovazione di questa soluzione che ha aperto una nuova generazione nel settore della RTFD risiede infatti nella capacità di:

I. integrare i migliori sistemi al mondo per la generazione di informazioni in tempo reale che prima operavano indipendentemente,(PrestoDB ed ApacheAccumulo)

II. agire in orizzontale su di un ambito di ricerca in tempo reale più ampio dato che opera contemporaneamente sia in Internet che nella telefonia mobile

III. ed agire anche in verticale su di un ambito di ricerca più ampio dato che e'in grado di operare in contemporanea su tutte le piattaforme Internet come pure di telefonia mobile esistenti

Il tutto grazie ad un nuovo algoritmo prodotto da Argyle.

Ed e'questa analisi svolta in modo diverso ed unico rispetto a quanto ad oggi presente sul mercato che consente di intercettare le frodi mentre iniziano a colpire. La capacità di operare in simultanea offre una funzionalità RTFD senza pari come dimostra il riuscire a riconoscere il 95% delle frodi in essere in una dato spazio temporale.

2. Perché è promettente e perché sta avendo successo?

Per capire le ragioni del sicuro successo di questa nuova tecnologia e´bene fare una breve parentesi per valutare l´impatto delle frodi nell´ambito della telefonia mobile ,dei servizi finanziari e di Internet.

I- Le frodi mediante la telefonia mobile

Secondo l´ultimo report della Communications Fraud Control Association ,(CFCA), che nel 2013 ha analizzato l´industria da 2.2 triliardi di dollari della telefonia mobile si stima una perdita pre frodi di 46.6 miliardi di dollari/anno con un incremento medio annuo del 15% dal 2011. Ovvero una perdita pari al 2.09% del fatturato mondiale del settore. La dimensione da sottolineare e´che a questo danno monetizzabile si deve aggiungere uno ancora più oneroso per le società del settore ma che non e´cosi´facilmente quantificabile:ovvero la perdita di clienti per il danno di immagine una volta che una truffa diviene pubblica avendo colpito migliaia di Clienti.

II- Le frodi nel settore dei servizi finanziari

Le perdite per frodi attinenti le carte di credito/debito ammontavano a 11.27 miliardi di dollari nel 2012. Quelle conseguenti all´appropriazione illegale dell´identità del Cliente a 24.7 miliardi. I risarcimenti danni a 677 milioni di dollari senza contare quelli derivati dai danni di immagine delle istituzioni finanziarie i cui Clienti sono stati frodati.

III- Le perdite per frodi in Internet,(e-Commerce)

Nel 2014 :

- Sono state prelevate illegalmente le informazioni relative alle carte di debito/credito di 110 milioni di persone

- Il circuito Neiman Marcus ha visto 350.000 utenti che hanno subito utilizzi illegali dei propri dati

- I dati criptati di 145 milioni di utenti di eBay sono stati violati

- Lo stesso dicasi per 56 milioni di clienti di Home Depot

- E la lista può continuare .

In questo contesto Agyle che opera nella RTFD per i settori della telefonia mobile, dei servizi finanziari e di Internet con Agyle Data ha creato una nuova generazione dei sistemi di prevenzione delle frodi ed offre quindi la migliore soluzione al momento disponibile.

24-Il container diventa casa di lusso

La start-up Italiana ItalyDreamHouse rivoluzione il mondo abitativo con un' innovazione di prodotto nel settore dei container abitabili. Non più degli scatoloni destinati a coprire le emergenze abitative generate dalle catastrofi ambientali e/o umanitari e neanche gli squallidi elementi abitativi del personale dei cantieri in giro per il mondo. Partendo da una concezione sostenibile sia nell' uso dei materiale che nella capacità della struttura di essere energeticamente autosufficiente DreamHouse ha creato una nuova dimensione abitativa partendo dal container. Una dimensione di lusso in cui trova spazio il Design Italiano. Un prodotto che si pone come diretto concorrente sia rispetto ai container di lusso che dell' edilizia "fertighaus" generando un nuovo tipo di abitazione.

1- Cosa ha innovato ItalyDreamHouse

La start-up Italiana ha radicalmente trasformato il concetto del container ad uso abitativo operando su due livelli.

Il primo livello è quello della sostenibilità ottenuta sia con l' utilizzo di materiali riciclati che nel rendere queste strutture abitative energeticamente autosufficienti implementando l' utilizzo di pannelli solari e di una homebotica,(la tecnologia applicata alla gestione della casa),che ottimizza lì uso di energia ed acqua.

Il secondo livello risiede nel trasformare il container in un contesto abitativo di lusso. Non solo lì homebotica ma l' so di rifiniture e mobili di Design Italiano contestualizzati dall' architetto internazionale Simone Micheli.

In questo modo l' innovazione di prodotto generata dal combinato disposto delle 2 dimensioni ha trasformato il container da cellula abitative per le emergenze o per consentire di far risiedere contenendo i costi il personale di cantieri in una dimensione totalmente diversa.

Il modulo abitativo è producibile in una settimana e la normativa Italiana ne consente l' edificazione senza limite.

In una vera e propria realtà abitativa di lusso con tutti i confort di un arredo Made in Italy pensato da un architetto internazionale.

Una realtà abitativa, ed in questo risiede l' innovazione di prodotto,che ha creato un nuovo tipo di modulo abitativo che si pone in diretta concorrenza sia con quanto esistente nei container abitativi di lusso,(per intenderci quelli che sono utilizzati nei resort e negli alberghi eco-compatibili),che con le fertighaus.

2-Perche' avrà successo?

La struttura abitativa creata da DreamHouse garantisce 36 mq quadrati calpestabili a cui si aggiungono 30 mq di veranda con tetto.

Il tutto con un perfetto isolamento acustico e termico oltreché la sicurezza di una gestione homebotica e di un accesso all' abitazione protetto da una porta blindata come pure da vetrate anti-sfondamento.

Un prodotto di design Italiano che si presta a molteplici usi abitativi.

La rapidità di costruzione,(una settimana), il costo contenuto rispetto ad una struttura abitativa di dimensioni equivalente,(70.000€),la possibilità di edificarlo ovunque unite agli standard abitativi che solo la qualità dell' interior design di alta gamma Italiano può garantire ne fanno un prodotto unico e vincente in grado di soddisfare molteplici esigenze abitative.

E questo non è una sorpresa dato che questa soluzione abitativa non solo surclassa quanto esistente nel mondo dei container abitativi di lusso ma si pone in diretta concorrenza con l' edilizia "fertighaus".

Ovvero l' edilizia delle case prefabbricate che ha una notevole quota di mercato in Nord Europa come pure nel NAFTA piuttosto che in Asia.

Rispetto all' edilizia fertighaus la soluzione abitativa di DreamHouse offre i seguenti vantaggi:

- rapidità di costruzione,(1 settimana contro le 4 delle fertighaus)

-minore costo per un prodotto "chiavi i mano" con interior design Made in Italy

-flessibilità di localizzazione,(può essere installato anche in terreni non definiti come edificabili)

A conferma di quanto detto il fatto che vi siano concreti interessi per la razione di villaggi sia in Costa Azzurra che in Svizzera. E questo è solo il primo passo verso l' internazionalizzazione del prodotto che ItalyDreamHouse intende sviluppare sia creando una identità del prodotto che operando con solide realtà nei vari mercati.

ItalyDreamHouse è conscia che la vera sostenibilità si ottiene sono se si soddisfano 4 ecosistemi sinergici ed equivalenti

- l' ecosistema Spirituale

-l' ecosistema Corporale

-l' ecosistema Ambientale

-l' ecosistema Sociale

Soddisfa l' ecosistema Spirituale forendo un livello di personalizzazione dei dettagli di arredo tale da appagare le emozioni delle Persone.

Soddisfa quello Corporale garantendo i standard di confort che solo il design Made in Italy può offrire.

Rispetta l' ecosistema Ambientale sia producendo rispettando l' ambiente che usando materiale bio-compatibile e riciclato.

E non ultimo rispetta l' ecosistema Sociale garantendo un ambiente di lavoro dignitoso e serio.

25-Aziende agricole galleggianti

Lo studio di architettura Spagnolo Forward Thinking Architecture specializzato nell' architettura sostenibile ha completato la progettazione di una struttura galleggiante multilivello con una superficie di 2.2 milioni di metri quadrati per uso agricolo. La struttura è denominata Small Floating Farm,(SFF), ed è la prima al mondo.

1- Che cosa ha innovato   Forward Thinking Architecture?

La tecnologia pensata dallo studio di progettazione Spagnolo è innovativa rispetto ad altre per tre ordini di motivi:

a) la modularità del sistema che consente di ampliare la struttura fino a diventare una media o grande azienda agricola in breve tempo ed a costi contenuti

b) il fatto che le serre siano idroponiche e controllate automaticamente da un sistema informatico

c) e che possano integrare la coltivazione di prodotti agricoli con l' allevamento di pesci

La combinazione di questi tre fattori rende la Small Floating Farm,(SFF), molto più economica e versatile rispetto ad altri progetti in corso.

SFF infatti non solo ha dei minori costi di gestione visto un livello di automazione ineguagliato oltreché una concezione modulare che ne consente l' ampliamento in minor tempo e con minor costo ma, a differenza di altri progetti, consente anche l' allevamento di fauna e flora marina e non solo la coltivazione idroponica di frutta e verdura.

Questo amplia enormemente la capacità di resa della superficie occupata da SFF in quanto consente di usufruire non solo di quella emergente ma anche d quella sommersa.

Il tutto a vantaggio dell' economicità gestionale della struttura grazie ad un' innovazione di prodotto generata dall' interazione dei seguenti fattori:

- flessibilità in termini di espansione

-totale automazione dei processi

- coltivazioni sulla superficie ed allevamenti e coltivazioni in acqua

E' importante rilevare che con le coltivazioni in acqua non si intendono solo quelle di alghe utilizzabili sia per un uso alimentare che cosmetico-farmaceutico ma anche, come visto in un altro articolo, di prodotti agricoli normalmente coltivati in superficie.

2- Perchè avrà successo?

Siamo abituati da tempo al fatto che la tecnologia consenta di creare ampie superfici utilizzabili che siano galleggianti.

Dall' isola artificiale pensata da Enzo Piano per l' aeroporto di Tokyo al progetto per quello galleggiante sul Tamigi come pure le isole da 89 miglia quadra che i Cinesi stanno costruendo nel Mar della Cina queste realtà non sono una novità .

Contemporaneamente, come scritto in un precedente

articolo, dall' EXPO di Milano ci arriva la notizia che una società creata da Italiani in California ha prodotto i primi frutti commestibili utilizzando delle serre sottomarine posizionate in Liguria.

Il tutto ci porta a dire che la soluzione prospettata dalla Forward Thinking Architecture non solo è fattibile ma ha un futuro in un mondo sempre più affamato di terra.

I grandi laghi, i mari ed ovviamente gli oceani possono essere gli immensi spazi dove coltivare ed allevare risorse alimentari,energetiche,(pensiamo alle coltivazioni per creare bio-masse da cui si deriva il bio-carburante. Coltivazioni che tolgono preziosissimo terreno a quelle per uso alimentare umano ed animale),come pure per la farmacopea,(la produzione di piante come pure l' allevamento di fauna marina da cui ricavare dei principi attivi per uso farmaceutico).

Conferma ne è l' interessamento del prestigiosissimo Smithsonian Institute che è intenzionato a costruire una prima SFF come progetto pilota per ulteriori applicazioni.

26-Analisi mediche a costi più contenuti grazie ad un chip

Un team di ricercatori dell' Americana Rutgers ha creato una nuova generazione di dispositivi a funzioni multiple integranti in un solo chip quello che può essere fatto in un laboratorio di analisi,(Lab-on-a-Chip /LoC): Il dispositivo LoC può svolgere una serie di sofisticati test di laboratorio riducendone il costo in maniera significativa.

1- Cosa è stato inventato?

I LoC sono un' altra delle evoluzioni nel contesto della microtecnologia con dimensioni cha   vanno dai pochi millimetri ad alcuni centimetri quadrati. Sono costruiti in silicio grazie alla tecnologia della litografia elettronica ed operano analizzando i fluidi attuando una serie di funzioni come se fossero un laboratorio di analisi chimica.

Prima della costruzione dell' apparecchiatura LoC da parte di Rutgers questi apparecchi si caratterizzavano per i seguenti vantaggi e svantaggi:

a) Vantaggi:

1. Consumo di bassi volumi di fluido, dato il piccolo volume interno del *chip*: Il tutto con dei benefici in termini di minor costo dovuto ad uno spreco minore sia del materiale da testare che dei reagenti per il test.
2. Minore rischio di inquinamento dato che si utilizza un quantitativo ridotto sia della sostanza da analizzare che dei reagenti necessari all' analisi

3. Migliori analisi e velocità di controllo del *chip*
4. Miglior efficienza dell' analisi grazie ai più ridotti tempi di *mixaggio* della sostanza con i reagenti ed al più veloce riscaldamento del composto
5. Miglior controllo del processo a causa di una più veloce risposta del sistema nella forma del controllo di temperatura le per reazioni chimiche esotermiche
6. Compattezza del sistema grazie alla grande integrazione delle funzionalità e piccoli volumi.
7. Una compattezza che rende possibili analisi ad elevatissima resa.
8. Il poter fabbricare un laboratorio nella forma di un chip usa-e-getta a basso costo non fa altro che ridurre i costi
9. Potendo utilizzare quantità minime di sostanza e' una piattaforma enormemente più sicura per analizzare dei campioni chimici,radioattivi o biologici.

b) Svantaggi

1. Nuova tecnologia, pertanto non ancora completamente sviluppata.
2. Il rilevamento di una riduzione della capacità di analisi a causa dell' interazione nel processo di effetti fisici e chimici

Il LoC della Rutdges attua un' innovazione di prodotto implementando una rivoluzionaria tecnologia dei microfluidi che risolve sia gli svantaggi che incrementa i vantaggi sopra indicati grazie ad una nuova generazione di valvole e condotti miniaturizzati che consentono di azzerare gli effetti fisici e chimici di disturbo tipici degli altri LoC.

Ma non solo questo dato che consente di eseguire le analisi con 1 / 10 del composto e dei reagenti utilizzati dalla concorrenza.

Al momento il LoC prodotto dalla Rutgers può essere utilizzato per eseguire dei testi relativi sia all' HIV che ad altre patologie del sistema immunitario in quanto queste erano le richieste dei finanziatori della ricerca, ovvero del National Institutes of Health, il National Science Foundation e dalla New Jersey Commission on Brain Injury Research.

La Rutgers assicura che il LoC è così versatile che può avere altri usi nel settore medico come in quello industriale.

2- Perchè avrà successo?

Quest' innovazione di prodotto consente sia di ridurre i costi che di aumentare la flessibilità operativi per eseguire analisi estremamente complessi su dei campioni fluidi.

Sul lato della flessibilità operativa il fatto che richieda 1/ 10 del materiale da analizzare come pure dei reagenti chimici per le analisi consente che possa essere svolto con un impatto inquinante notevolmente inferiore.

Da qui la possibilità di poter svolgere le analisi in più centri dato che le infrastrutture di conservazione dei materiali come pure dei reaganti oltreché quelle di smaltimento dei rifiuti possono essere di dimensioni minori.

Questo ci porta a parlare dei costi che si riducono sensibilmente in quanto:

I) il fabbisogno di materiale e di reagenti è pari ad 1 /10 di quello della concorrenza

II) si riducono quindi anche i costi di stoccaggio

III) come pure quelli di smaltimento

IV) oltreché quelli delle strutture necessarie a svolgere queste analisi. E con l' aumento delle strutture in grado di farlo si innesta un processo di riduzione dei costi.

Pertanto l' innovazione di prodotto della Rutgers ha generato un LoC che inquina e costa 1/ 10 della concorrenza offrendo un' accuratezza dei risultati senza pari ed è questa la garanzia del successo di questa tecnologia.

3

Innovazioni di successo

(Articoli comparsi in "Innovazioni di Successo" pubblicata nel Think-Tank di riferimento della Leadership Industriale Italiana "Impronte" www.clubimpronte.it)

27-Quando l'hi-tech rende le superbike alla portata di tutti

Skully Systems è leader nella progettazione e produzione di caschi da motociclista di alta gamma. Un'innovazione di prodotto, ottenuta con una tecnologia - mutuata da modelli militari - che consente al pilota una percezione totale, ha surclassato la concorrenza in termini di comfort e sicurezza di guida, in condizioni estreme, su moto ad elevata prestazione (superbike). Nel 2015 aumenterà il focus sulla gestione 3D delle informazioni e sull'integrazione con l'Internet delle Cose.

1. Cos'è stato innovato grazie a Skully Systems?

Il mercato delle superbike è in continua evoluzione nell'offerta di modelli di alta gamma rivolti ad una clientela internazionale ad elevato valore aggiunto. Parliamo di motociclette le cui prestazioni non hanno nulla da invidiare a quelle da competizione che però costringono l'appassionato a confrontarsi con due limiti a dir poco cogenti: da un lato, condizioni di traffico e di qualità del manto stradale sempre più problematiche, dall'altro di non essere atleti che si allenano per resistere alle sollecitazioni di questi mostri meccanici. In questo contesto, l'awareness technology, ovvero la tecnologia che consente ad un utente di vivere una condizione di reale percezione di tutto quanto gli accada intorno e sia rilevante per quello che sta facendo, ha rilanciato la domanda.

Nel 2013 in Silicon Valley è nata Skully Systems con un venture capital di 2.800.000US$. La società USA ha consentito all'intero settore un salto di qualità inserendo la tecnologia total awareness in un display nella visiera del casco per motociclista. L'utilizzo di questa tecnologia - mutuato da quello militare per i caschi dei piloti di caccia, elicotteri e carri armati - consente al guidatore della superbike di avere in tempo reale tutte le informazioni, relativamente sia alle condizioni della strada come pure agli altri veicoli intorno, che gli interessano ai fini di una guida sicura e rilassata. Una necessità sempre più sentita a fronte, da un lato, delle sempre crescenti performance delle moto di gamma elevata, dall'altro, dal fatto che chi può permettersele non è né un pilota professionista, né allenato per essere al top delle condizioni fisiche per guidarle al massimo delle loro prestazioni. Le informazioni in tempo reale che offre Skully consentono di guidare in maniera impegnativa con più sicurezza e, al contempo, di ridurre enormemente lo stress psico-fisico anche in condizioni estreme, senza avere il training fisico di un pilota professionista.

2. Perché è promettente e perché sta avendo successo?

Il casco progettato è all'avanguardia nell'uso della awareness technology. Questo sia da un punto di vista quantitativo, sia qualitativo. Nel dettaglio vediamo perché sta avendo successo:

Dal punto di vista quantitativo, (ovvero cosa si trova nel display come informazione),non ha pari offrendo:

- Il potente microprocessore, frutto di una ricerca interna

- La visione a 360 gradi mediante videocamera

- GPS integrato nel display

- Elevata velocità di installazione, in caso di pioggia, di una membrana rimovibile

- Visione anti-nebbia e notturna

- Bluetooth

- Collegamento telefonico via Internet con chiamata hand-free

- Aggiornamento dei software "air-sync",ovvero durante il viaggio

- Ultra leggero in lega

- Adattabile ergonomicamente

- Audio di qualità stereofonica

- Radio in streaming

Dal punto di vista qualitativo (ovvero come vengono fruite le informazioni dal motociclista):

Skully è all'avanguardia nell'uso della tecnologia di tipo awareness nella presentazione simultanea di dati in un display posto nella visiera. Mutuando un approccio usato in contesti militari, un algoritmo consente di selezionare in tempo reale le informazioni che sono necessarie evitando di distrarre il motociclista con dati inutili. Il tutto a beneficio di una guida sportiva, rilassata e sicura. Questo ha aiutato Skully nella sua posizione di mercato a livello internazionale nei prodotti di alta fascia.

3. L'evoluzione:

28-Super-computer e super-software sempre più accessibili

Genome Analysis Centre (TGAC) e Optalysis Ltd hanno sviluppato una nuova tecnologia di ricerca ottica di informazioni nei data base complessi (Genesys). Non solo apre nuove frontiere per la gestione di banche dati complesse ma riduce del 95% i costi operativi per l'uso di computer ad elevatissime prestazioni (HPC). Il risultato ottenuto nel Regno Unito, con questa innovazione di prodotto, riduce le barriere all'utilizzo, non solo in cloud, di super-computer e super-software da parte delle aziende. Le prime applicazioni, in particolare, sono nel settore farmaceutico per la ReS della genomica.

1. Cos'è stato innovato?

Il centro di ricerca Genome Analysis Centre e Optalysis Ltd (http://optalysys.com/), basati nel Regno Unito, hanno ricevuto un finanziamento da parte del Governo per attivare una start-up che sviluppasse computer ad elevate prestazioni (high performance computing, HPC), in grado di eseguire ricerche intelligenti in complessi data base con costi gestionali minori rispetto ai concorrenti senza rinunciare alle performance di calcolo tipiche dell'HPC.

Il settore della genomica è in rapido sviluppo e le analisi relative al matching (compatibilità) di sequenze complesse di nucleotidi ed aminoacidi sono sempre più un fattore critico sia per assemblare sia per comparare genomi complessi. Una dimensione chiave della ricerca finalizzata sia a combattere le più importanti malattie dell'umanità, come il cancro, sia a identificare e contrastare gli agenti patogeni che colpiscono le coltivazioni e gli allevamenti generando carestie.

Per capire la complessità di questa ricerca, si consideri che la tecnologia che consente la sequenza raddoppia la conoscenza disponibile ogni 18 mesi. Pertanto, ci si trova di fronte a un incalzare di nuove sequenze di geni da identificare e comprendere generando enormi database di DNA, complessi da analizzare e capire. Da qui l'uso di hardware HPC che sta rendendo la ricerca molto onerosa in particolare per l'energia necessaria per farlo funzionare e raffreddare.

Genome Analysis Centre (TGAC) e Optalysys Ltd hanno creato Genesys, acronimo di Genetic Search System, che è in grado di ridurre sensibilmente il costo energetico.

Il costi sono stati ridotti del 95%.

2. Perché è promettente e perché sta avendo successo?

L'abbattimento dei costi energetici del 95% spiega solo in parte il successo che Genesys sta ottenendo. Questa tecnologia innovativa ha la capacità di rivoluzionare la ricerca farmaceutica sul DNA fornendo una soluzione che eguaglia le migliori performance del settore garantendo anche un forte incremento in termini sia di velocità di calcolo, sia di minori dimensioni dell'hardware.

Ciò garantisce importanti riduzioni di costi sia di capitale investito in hardware HPC sia di costi di energia.

Riduce le barriere per operare con computer HPC e aumenta il numero di società, centri di ricerca, università che ne potranno fare uso.

3. L'evoluzione:

Il mercato della genomica aumenta in media del 10,3% l'anno e si stima che possa raggiungere un fatturato di almeno 22,1 miliardi di dollari nel 2024. Il totale delle informazioni disponibili da qui al 2020 aumenterà almeno del 4.300%.

In questo conteso, Genesys e le sue evoluzioni saranno una delle risposte pratiche al bisogno delle aziende di accedere a queste informazioni con costi accessibili.

Ovviamente questa tecnologia non si fermerà solo al settore della genomica ed all'industria farmaceutica ma si allargherà ad altri settori industriali interessati a super-computer e super-software a costi ora inaccessibili.

29-Che i migliori possano evolvere. Istruzione in rete

Avere una istruzione di alto livello è un requisito sempre più problematico in tutto il mondo. In Nigeria lo start-up Andela, finanziato da diversi venture capitalist in giro per il mondo, ha sviluppato una soluzione che è un'innovazione di processo nell'istruzione qualificata. Da un lato, consente di fornire un'istruzione di livello internazionale nel settore informatico a chi parte da condizioni svantaggiate e, dall'altro, offre la possibilità a queste persone di entrare in contatto con aziende in tutto il mondo. Un acceleratore di talenti globale (global talent accelerator, GTA) per l'Africa, un modello per tutto il mondo.

1. Cos'è stato innovato grazie ad Andela?

E' stato innovato il modo di studiare garantendo una formazione informatica di elevata qualità (world class) al maggior numero di persone con l'abbattimento di barriere economiche e geografiche. Andela è una società Nigeriana descrivibile come un acceleratore globale di talenti (GTA, usando l'acronimo inglese), in grado da un lato di ricompensare le potenzialità di studenti svantaggiati dando loro una istruzione informatica di livello internazionale e dall'altro di premiarne il merito ponendoli in contatto con aziende in cerca di talenti in giro per il mondo.

Non vi sono limiti di età o di disponibilità economica per accedere ai corsi a distanza e, se selezionati, al Fellowship, ovvero il corso residente di tre mesi a Lagos.

Il sistema si basa su un network creato dal fondatore di Andela, Jeremy Johnson, che collega gli studenti con degli specialisti che insegnano. Gli studenti imparano svolgendo progetti sempre più complessi per questi specialisti e sono pagati. Una sorta di apprendistato del XXI secolo.

2. Perché è promettente e perché sta avendo successo?

Gli specialisti che formano gli studenti sono basati negli USA e lavorano per aziende americane. Il vantaggio e' triplice e ogni parte in causa ne trae un beneficio:

-   gli studenti ricevono un'istruzione di livello internazionale, ricca della pratica che li rende immediatamente operativi.

- gli specialisti incrementano la capacità produttiva dei loro team con soggetti che sono aperti a sperimentare e provare. Li formano su quello che serve nel momento e nel modo che serve.

- le aziende, in una prima fase, hanno del personale ad un costo più vantaggioso finendo, poi, di disporre di specialisti formati sui propri standard di lavoro, da assumere o con cui collaborare.

3. L'evoluzione:

Un modello che sicuramente è estendibile sia ad altri settori ben oltre l'informatica sia in altre realtà geografiche che non siano l'Africa.

In un mondo in cui un'istruzione di livello internazionale, collegata alla pratica, è sempre più difficile da diffondere per motivi sia ambientali, sia economici, una soluzione come quella di Andela esprime un'interessante innovazione di processo nella formazione, valida non sono in Africa.

30-Le realtà fisica e digitale s'integrano più intimamente

Oculus, finanziata da Facebook, ha creato insieme a Samsung l'hardware per realtà virtuale più avanzato al mondo. Una innovazione di prodotto che genera una rivoluzione sia per la fruibilità (utilizzabile anche con un normale smartphone), sia per il costo (poche centinaia di dollari), sia per l'estensione d'uso (non solo per online game, anche per fruire di televisione via streaming, film in download e social network). Il tutto in un contesto di realtà digitale di tipo immersive (contestual awereness) . Parte della famiglia di prodotti, classificabile come l'hardware che si indossa (weareable hardware), rivoluziona il nostro modo di vivere l'Internet delle cose e produce un impatto importante sui processi di marketing.

1. Cos'è stato innovato grazie ad Oculus?

L'hardware che si indossa - circa il 20% del mercato mondiale degli strumenti hardware (devices) che affollano il nostro quotidiano - ci consente di essere in collegamento costante col mondo mediante Internet. Un collegamento ormai indispensabile, che tocca ogni aspetto della nostra vita. Il lavoro, tenerci informati, il divertimento, la salute, viaggiare, i rapporti con le amministrazioni o la banca, la gestione della casa, la nostra vita sociale. La nostra realtà assume una duplice dimensione: quella fisica (off-line) e quella digitale (on-line). Dimensioni sempre più interconnesse, sinergiche quanto inestricabili.

Oculus con gli occhiali 3D, che ha creato con Samsung, ha dato un colpo di acceleratore facendo sfumare le barriere tra la realtà fisica e quella digitale. Ha così portato la percezione della dimensione digitale della nostra realtà con un livello di realismo tale da rendercela quasi fisica.

Com'e' possibile dato che la realtà virtuale esiste da almeno trent'anni?

Innanzitutto dobbiamo chiarire la distinzione tra virtuale e digitale. Un mondo virtuale non esiste, potrà esistere ma non ora. Un mondo digitale esiste ora ed è un'altra forma di realtà. Pertanto non si deve fare confusione in Internet tra reale e virtuale. Premesso questo, la risposta ci porta alla seconda parte del nostro articolo.

2. Perché è promettente e perché sta avendo successo?

Tre fattori che rendono l'innovazione di prodotto di Oculus unica, all'avanguardia sul mercato e con grande potenzialità nel mondo dell'hardware che si indossa:

a. la superiorità tecnologica: la partnership con Samsung ha fatto sì che gli occhiali 3D siano tecnologicamente molto avanzati.

b. sarà possibile vivere l'esperienza digitale in 3D in modo diverso. Infatti il fruitore, in qualsiasi momento (ad esempio su un mezzo pubblico usando un normalissimo smartphone), non solo può vedere un film, un evento sportivo piuttosto che un concerto o un'opera teatrale in 3D (questo è già possibile ed esistono altri prodotti che consentono di farlo), ma – ed è questo che è unico ed ineguagliato - può farlo immergendosi in una dimensione contestual awereness con altri fruitori, a partire dai suoi amici. Perché può scegliere una location (un cinema, un teatro, una piazza piuttosto che uno stadio...) in cui il proprio Avatar (ovvero la rappresentazione digitale della persona) può sedersi insieme ad altri Avatar (i suoi amici come pure altre persone) e godere dell'evento come se vi fosse fisicamente.

Nel pratico alcuni esempi nei quali immaginiamo di:

- seguire un concerto di musica classica a La Scala. Il nostro Avatar è seduto in una ricostruzione digitale realistica del teatro e noi la viviamo con gli occhiali 3D e, quindi, ne fruiamo con un coinvolgimento sensoriale ed emozionale senza pari.

- assistere a un evento sportivo al Maracanà di Rio de Janeiro in cui, con il vostro Avatar, potete gioire come se foste nella tribuna e in diretta.

- guardare un film e scegliere di godervelo in un cinema dove anche la sala è uno spettacolo di per sé, per esempio seduti nel Pushkin Art Cinema di Budapest.

- vivere in diretta in un reportage sull'esperienza di passeggiare in Piazza San Marco con il vostro Avatar che indossa un costume carnevalesco durante il carnevale di Venezia.

- partecipare a un safari in Kenya... e via dicendo.

Si vive l'esperienza di esserci fisicamente con il proprio Avatar interagendo con gli amici e le altre persone presenti e il coinvolgimento sensoriale ed emozionale è senza pari.

c. in Facebook in maniera 3D: da poco più di un decennio i social network sono parte integrante della nostra vita sociale sia nelle nostre professioni, sia nel privato. Immaginiamo di viverli in 3D, ovvero con un Avatar e non più solo con un profilo. Ovvero di trasformare i social network in ambienti digitali 3D come 2nd Life o IMVU e, quindi, di poterli vivere con un coinvolgimento sensoriale ed emotivo enormemente superiore rispetto a quello attuale.

3. L'evoluzione:

L'innovazione di prodotto degli occhiali 3D di Oculus, innestata nel mercato del wereable hardware, ha come conseguenza rendere reale la contestual awereness nel nostro quotidiano. In questo modo si aprono opportunità per le aziende di adottare nuove idee di comunicazione che potenziano il marketing in contemporanea nel contesto fisico e digitale della nostra realtà quotidiana.

Di seguito proviamo a entrare meglio nel merito.

Accettiamo che gli Avatar siano estensioni, anche emozionali, delle persone. Già oggi almeno 400 milioni di persone - su base mondiale - vivono e lavorano quotidianamente nel 3D. Ci sono molte persone che possono confermare la sensazione, meglio la percezione, di vivere una sorta di "doppia cittadinanza" (dual citizenship), senza alcun imbarazzo o problema di personalità ma come uno strumento che aumenta la loro percezione del mondo e dei suoi trend in tempo reale, per non parlare poi dell'aumentare delle interconnessioni profonde con persone di ogni cultura ed età in più lingue.

Partendo da questo, immaginiamo di vestire questi Avatar, di arredare i loro ambienti digitali come pure di fornirli, ad esempio, di bottiglie di vino che degustano rilassandosi di fronte all'evento che seguono e che necessitano certamente di accessori per la cucina, di design come bicchieri e decanter ... . Ovvero di operare nei mondi 3D digitali in un'ottica di product placement come quella che si vede in un film ma con la differenza rispetto al film che qui il coinvolgimento emozionale ed identificativo col prodotto è attivo, non passivo. Le implicazioni in termini di marketing sono chiare.

31-Con la stampa 3D il mondo in una stanza...

Il produttore americano di filamenti per stampanti 3D, MakerBot, innova il prodotto e il sistema su tre livelli: un'offerta senza pari di filamenti per le stampanti 3D; un supporto ai fruitori tramite software di elevata qualità che consente di aumentare la capacità dell'utente di operare con qualsiasi stampante 3D; un canale di vendita di negozi strutturati come mini boutique di design.

1. Cos'è stato innovato grazie a MakerBot?

Il mondo del 3D printing sta avendo una grande diffusione che apre anche il mercato dell'offerta di prodotti direttamente ad un'utenza B2C che può non solo stampare da casa propria dopo aver comprato un prodotto online ma anche creare e poi vendere manufatti. Due esempi di diffusione e d'interesse: in Germania da almeno due anni in ogni edicola si trovano riviste mensili di almeno un centinaio di pagine e dal costo di non meno di 10€ che parlano del 3D printing. In Italia dal 2014 si può comprare il necessario per farsi una stampante 3D in edicola con dispense bi-settimanali.

In questo contesto MakerBot si posiziona come leader mediante una strategia che opera sia a livello di innovazione di prodotto, sia di processo.

a. Relativamente all'innovazione di prodotto la società americana offre filamenti (ovvero l'equivalente, per una stampante 3D, dell'inchiostro per una normale) che altri non offrono a questo prezzo e con questa qualità. I filamenti sono il materiale che serve per stampare/produrre il manufatto 3D e MakerBot ne offre di ineguagliati in legno piuttosto che in bronzo o acciaio.

Quest'offerta è completata dall'offerta gratuita di software gestionali usabili con ogni stampante 3D. Software che aumentano la conoscenza e la capacità dell'utente di creare manufatti vendibili. Consente cioè di trasformare chi compra i componenti di una stampante nelle edicole in un piccolo produttore, un artigiano che crea e produce (anche per vendere) con questa tecnologia.

b. L'innovazione di processo è relativa alla vendita dato che la società di New York crea una rete in franchising di boutique -dove vengono presentati i filamenti e dove si aiuta il cliente nell'uso del software - nelle grandi città. Opera anche dal negozio in Internet (on-line).

2. Perché è promettente e perché sta avendo successo?

L'idea è promettente perché soddisfa, con un rapporto qualità/prezzo ineguagliato, al momento due (in futuro tre) bisogni dell'utenza di stampanti 3D:

- avere filamenti con cui stampare/produrre di elevata qualità a un prezzo più basso;

- avere un supporto software per la gestione delle stampanti 3D all'avanguardia e a costo zero;

- (in futuro) avere una piattaforma per vendere i propri manufatti.

Integra l'innovazione di prodotto conseguita -filamenti ed il software/comunità di supporto -con un'innovazione di processo nella vendita -operante sia nella dimensione fisica (off-line), sia in quella digitale (on-line) -. In questo risulta oggi unica.

3. L'evoluzione:

Il futuro prevede una duplice evoluzione.

Sul lato del prodotto:

- filamenti con un rapporto prezzo/qualità oggi ineguagliato. Software gestionale gratuito.

- comunità online e presso i negozi in cui condividere le esperienze e le conoscenze.

Sul lato del processo:

- franchising delle mini boutique con la novità di trasformarle in "piccole botteghe" dove trovare sia i prodotti creati dagli stessi clienti, sia un "artigiano" che produca quello che ci serve.

Un paio di esempi. Siamo un cliente di filamenti e, grazie al software e alle comunità di MakerBot, evolviamo la nostra competenza fino ad agire come un artigiano e produrre molti prodotti (dal food al design). I nostri prodotti possono apparire e essere venduti in una mini boutique. Inoltre, andiamo come clienti in una mini boutique, o sul sito di MakerBot, per cercare un artigiano che produca una torta per il nostro compleanno. Torta che poi ci "stampiamo" a casa usando i filamenti per produrre food ...

32-Un immobile commerciale? Facile come utilizzare un taxi

La start-up londinese We Are Pop Up sta ponendo le basi per innovare il mercato dell'intermediazione immobiliare commerciale. Con un'innovazione di prodotto ha creato un mercato online che rende possibile trovare un immobile commerciale come se si cercasse un taxi. Ovvero lo shop-sharing, cioè la locazione di una parte di un negozio già avviato.

1. Cos'è stato innovato grazie a We Are Pop Up (WAPU)?

Per comprendere ciò che WAPU sta realizzando dobbiamo analizzare la sua offerta sia dal lato dei proprietari degli immobili, sia di chi li affitta. La società londinese opera a Londra, New York, Milano, Roma, Berlino, Philadelphia, Port Colborne.

a. Lo shop-sharing dal lato di chi prende in affitto l'immobile commerciale:

Per chi prende in affitto e' una opportunità per avere in locazione una parte di un negozio già avviato. Essendo già avviato, esprime il valore aggiunto di una clientela già esistente che corrisponde al mercato obiettivo. Ciò permette di testare il prodotto, l'idea a basso costo e rischio in una location di lusso. Una volta appurato che l'idea funziona in quel contesto, non e' un problema allungare il periodo di affitto.

b. Lo shop-sharing per chi cede in affitto l'immobile commerciale:

Per chi cede un immobile commerciale in locazione è una soluzione che consente sia di mantenere lo spazio affittato a chi è già in affitto, sia di ridurre i costi aggiungendo altri affittuari che condividono lo spazio e s'inseriscono in uno spazio aggiuntivo.

In termini temporali vi è la massima flessibilità dato che il proprietario può affittare da un giorno a un mese con una contrattualistica che tutela le parti.

I vantaggi per entrambe le parti dello shop-sharing:

- chi desidera affittare può farlo trovando la massima flessibili sia nella location urbana preferita sia nella durata della locazione, a costi inferiori rispetto alla tradizionale intermediazione immobiliare;

- chi dà in locazione ha un ulteriore canale di reddito.

2. Perché è promettente e perché sta avendo successo?

We Are Pop Up (WAPU), ha risolto i problemi che chi vuole affittare e chi vuole prendere in affitto non riesce a risolvere nel mercato immobiliare tradizionale.

I proprietari di immobili e chi cerca location prestigiose per un test, un popup piuttosto che un evento trovano una nuova soluzione che garantisce l'uso di uno spazio per breve tempo al fine di intercettare, testare la clientela oppure di sperimentare nuove dimensioni di negozio e nuove idee di prodotti o servizi o strategie di vendita.

3. L'evoluzione:

La società londinese è interessata ad ampliare la presenza in altre della 296 città del pianeta come pure ad operare con piattaforme multilingue.

Il tutto al fine di raggiungere una clientela sempre più ampia di proprietari e di affittuari. Una clientela da soddisfare con una gamma di location che sarà sempre più cosmopolita e diversificata.

33-1 miglio in verticale ... in ascensore

Il grattacielo alto un miglio fu progettato per la prima volta da Frank Lloyd Wright nel 1956 e ora, grazie alla divisione del Gruppo ThyssenKrupp che si occupa di ascensori, è possibile costruire un ascensore in grado di raggiungere queste altezze. Si tratta di "Multi", un'innovazione di prodotto che realizza il primo sistema di ascensori senza cavi di supporto (rope free elevator system, RFES), in grado di muoversi anche orizzontalmente.

1. Cos'è stato innovato grazie a "Multi"?

Con il progetto "Multi" la divisione che si occupa di ascensori del Gruppo ThyssenKrupp ha iniziato la fase di progettazione del primo ascensore al mondo in grado di elevarsi fino ad almeno un miglio terrestre (1.600 metri).

"Multi" il primo sistema al mondo di ascensori senza cavi di supporto (RFES), in grado di muoversi anche orizzontalmente. Un'innovazione rivoluzionaria in un settore che per 160 anni non ha visto evoluzioni tecnologiche sostanziali. "Multi" ha reinventato il concetto dell'ascensore.

Nel canale di elevazione sarà possibile avere più cabine in movimento in contemporanea. Cabine che sono in grado di muoversi anche orizzontalmente e non solo verticalmente aprendo spazi alla progettazione di grattacieli che fino ad oggi erano impossibili.

2. Perché è promettente e perché sta avendo successo?

Da almeno un decennio vi è un'esplosione nella costruzione di grattacieli e vi concorrono molteplici fattori come l'urbanizzazione del pianeta, ormai più urbano che non, e la competizione di immagine che le 296 città leader del pianeta conducono per attrarre sia il flusso degli investimenti, sia i 6 milioni di persone ad altissima qualificazione ed elevata mobilità.

Accade così che il grattacielo non sia più dominio della topografia di New York, dove ve ne sono 5.898, ma di altre città dalla Unicredit Tower di Milano alle Mori Towers di Tokyo.

Il trend porta a due filosofie costruttive oltre che abitative: prediligere l'elevazione e rendere i grattacieli veri e propri "villaggi in verticale".

La prima filosofia ha i suoi campioni in edifici come lo Sky City di Ghangsha (Cina), alto 808 metri, piuttosto che il Kingdom Tower di Jeddah (Arabia Saudita), coi suoi 1.007 metri. Così "Multi" sembra la soluzione ideale in quanto consente di avere ascensori con prestazioni prima non pensabili, che permettono di edificare edifici sempre più alti. Oggi l'edificio alto 1.600 metri, progettato nel 1956 da Wright, è edificabile.

La seconda filosofia, i grattacieli come villaggi in verticale, vede il suo campione in Giappone con il Marunouchi Building. Un edificio che dal 2002 ha attratto per turismo

24 milioni di visitatori che, nel villaggio verticale contenuto al suo interno, hanno speso più di 31 miliardi di yen. Nei villaggi verticali si trova di tutto e, in teoria, si potrebbe anche non dover mai uscire. In questo tipo di edifici il sistema "Multi", con la capacità di muoversi orizzontalmente con più cabine nello stesso condotto, offre ai progettisti soluzioni nuove per fruire degli spazi. Gli ascensori diventano vetture per connettere i piani degli edifici e, pensati come "strade" del villaggio che danno accesso a negozi, zone giardino od altro. C'è la strada (ovvero il piano) dei cinema e teatri, quella dei ristoranti, la zona wellness con SPA e via dicendo.

3. L'evoluzione:

Viviamo in un mondo sempre più urbanizzato dove i grattacieli saranno probabilmente sempre più luoghi di socializzazione, oltre che uffici o abitazioni. Veri e propri quartieri nelle città in cui vivere interazioni sociali complesse e dove la soluzione innovativa di "Multi" apre possibilità progettuali finora inattuabili ed inesplorate.

34-Anticipare il cancro dal... respiro

L'Israel Institute of Technology (Technion) ha sviluppato il primo sensore di odori in grado di rilevare il cancro allo stadio iniziale. Si chiama Sniffphone e funziona come un etilometro, nel senso che rileva nel fiato della persona delle particelle (markers), in grado di stabilire una condizione del fisico. Nel caso di un etilometro questa condizione è il tasso alcolico nell'organismo mentre con Sniffphone si tratta di rilevare la presenza di markers di un cancro allo stato iniziale.

1. Cos'è stato innovato grazie a "Sniffphone"?

È un'innovazione nel campo della diagnostica preventiva. Il team israeliano, guidato da un'autorità mondiale del settore - prof. Hossam Haick - a capo di un consorzio di ricercatori tedeschi, austriaci, finlandesi, irlandesi e lituani, con lo Sniffphone ha creato un sensore della composizione chimica delle molecole odoranti.

Integrando la tecnologia sviluppata per NaNose in uno smartphone, è stato ottenuto lo SniffPhone. In origine NaNose isolava e identificava le molecole responsabili degli odori nel respiro umano e oggi è divenuto un nuovo sistema (Sniffphone), innovativo in quanto portatile ed economico che riduce il costo e la velocità della diagnosi.

Lo SniffPhone è un sensore sensibile agli odori, in grado di rilevare il cancro allo stadio iniziale e s'innesta sullo smartphone. La persona soffia all'interno ed i nano-sensori captano e analizzano le informazioni che vengono trasmesse allo smartphone per visualizzare la diagnosi sul display.

In questo modo si può diagnosticare precocemente la malattia. I test effettuati prima della commercializzazione testimoniano un'accuratezza dello strumento del 90%.

2. Perché è promettente e perché sta avendo successo?

La diagnostica basata sulla tecniche di rilevazione radiologica (medical imaging, MIG), come la tomografia computerizzata (TC) o la mammografia, richiedono attrezzature costose e strutture ospedaliere specializzate. Questo ne limita la diffusione allungando i tempi medi di attesa, riducendo la diagnosi preventiva e la possibilità d'individuare la tipologia tumorale al suo sorgere.

Con Sniffphone sarà possibile abbattere tempi e costi incrementando la diagnostica.

SniffPhone, ad esempio, può rilevare il più letale di tutti i tumori, il cancro al polmone, prima di qualsiasi altro test. Invece di effettuare esami del sangue, biopsie, scanner e altri esami invasivi, è sufficiente soffiare nello SniffPhone per diagnosticare la malattia. Il tutto si traduce nella capacità di intervenire terapeuticamente allo stadio iniziale della patologia.

Inoltre è facilmente trasportabile e quindi utilizzabile:

- nelle aree rurali e in quelle in via di sviluppo

- in genere in luoghi in cui, a causa della mancanza di risorse, i pazienti con possibili patologie tumorali non hanno accesso alle strutture diagnostiche ospedaliere necessarie

- senza spostare il malato in strutture ospedaliere ma inviando un medico presso il suo domicilio. Ad esempio, in Germania questo può essere possibile presso il medico di base che, a differenza di quanto avviene in Italia, ha in dotazione nel suo ambulatorio una serie di attrezzature per la diagnostica.

3. L'evoluzione:

Si avranno risparmi di enorme portata sia per i paesi sviluppati sia per quelli in via di sviluppo. Risparmi ottenuti riducendo sia il numero delle costose attrezzature mediche sia la necessità di centri specializzati negli ospedali.

Con il costo di un'apparecchiatura per immagini si possono comprare circa duecento Sniffphone che non necessitano di un reparto specializzato in un ospedale ma possono essere usati in strutture mediche dislocate sul territorio oppure mobili.

Il risultato sarà un incremento sostanziale nella capacità di diagnosticare una patologia tumorale con costi molto contenuti e con maggiore rapidità. Ciò permetterà di trattare un tumore durante lo stadio iniziale con maggiore efficacia e, quindi, di salvare molte più persone ammalate.

Paolo Dealberti

35-Lo smartphone può ridurre gli incidenti in auto?

Raygo è un sistema innovativo appartenente alla famiglia di prodotti tecnologici che non richiedono la concentrazione visiva (eyes free device, EFD) quando sono utilizzati. Così un guidatore può interagire con il proprio smartphone senza distrarsi durante guida; anzi può esserne facilitato grazie ad alcune funzioni chiave. Sviluppato in Israele, si basa sull'evoluzione di un sistema che aiuta i non vedenti e la cui tecnologia è stata adattata alle esigenze del conducente d'auto.

1. Cos'è stato innovato grazie a "Raygo"?

Raygo è costituito da un controllore Bluetooth a 5 tasti montato sul volante. È stato concepito per operare in un contesto ambientale che richiede sia velocità di reazione, sia rapidità di fruizione (caratteristiche non necessarie in altre applicazioni EFD).

Ad esempio, quando arriva un messaggio WhatsApp l'applicazione legge il contenuto al conducente il quale può scegliere tra numerose risposte preimpostate ("ok, va bene", "ci sentiamo dopo", ecc...), semplicemente premendo uno dei tasti presenti sul volante.

Il fatto poi che il dispositivo sia montato sul volante ha una duplice utilità:

- è localizzato esattamente dove devono abitualmente essere le mani, ovvero sul volante;

- il display rivolto al guidatore è in linea con la visuale sulla strada. Il fatto di operare con Raygo non distrae dal vedere cosa si ha davanti/intorno.

Raygo non si occupa solo di lettura di messaggi ma offre alcuni supporti al guidatore durante la guida:

- controlla i movimenti del volante, la velocità e l'adattamento in tempo reale alle condizioni di guida;

- se necessario, si adegua automaticamente leggendo più lentamente per non distrarre il conducente dalla guida.

2. Perché è promettente e perché sta avendo successo?

Viviamo sempre più nella duplice dimensione digitale e fisica. In questo contesto l'internet delle cose interagisce frequentemente con noi, anche quando guidiamo un'automobile.

Pertanto sono sempre più frequenti le "frazioni di secondo" in cui siamo distratti. Vuoi per rispondere ad una chiamata piuttosto che per l'arrivo di un messaggio come pure per il suonare di allarmi vari. Non dobbiamo quindi sorprenderci se gli incidenti d'auto causati dalle distrazione del conducente sono in costante aumento. Una "frazione di secondo" può essere di troppo e mettere in serio pericolo l'incolumità del guidatore, dei pedoni o di altri automobilisti.

3. L'evoluzione:

Raygo è l'evoluzione di ciò che prima era pensato per i non vedenti. Uno strumento a supporto della guida per eliminare le distrazioni delle connessioni.

In un mondo dove l'interazione tra la realtà fisica e quella digitale è destinata a crescere a ritmi elevati, Raygo consente di gestire la nostra guida senza incorrere nel rischio di distrarci per quella "frazione di secondo" che può generare danni irreparabili.

36-Nanotecnologie contro i virus

Presso l'Università della California di San Diego è stato sviluppato un hydrogel utilizzando nano-spore capaci di agire sui tessuti, ad esempio quelli polmonari, colpiti da MRSA (methicillin-resistant Staphylococcus aureus), un batterio resistente agli antibiotici.

1. Cos'è stato innovato grazie a Hydrogel?

La nuova metodologia terapeutica è possibile grazie alla creazione di un hydrogelche utilizza la nanotecnologia nella forma di microspore. È in grado sia di contrastare i batteri resistenti agli antibiotici sia di irrorare i tessuti con acqua in modo da accelerarne la guarigione.

I test condotti sugli animali hanno dimostrato un'efficacia sull'80% dei casi dopo appena due giorni di trattamento.

2. Perché è promettente e perché sta avendo successo?

Questo hydrogel, non contenendo antibiotici, rappresenta una soluzione terapeutica che non sarà mai affetta del problema della resistenza sviluppata agli stessi da parte dei batteri. La resistenza è, infatti, un problema sempre più sentito a causa della sua diffusione. Pertanto è benvenuta ogni innovazione che consenta sia di superare questo ostacolo terapeutico sia di farlo con la prospettiva di poter perdurare nel tempo.

Il problema è, infatti, che se si riesce a sviluppare una nuova famiglia di antibiotici, col tempo, la sua efficacia si ridurrebbe a causa della comparsa di batteri resistenti.

Problema che, come detto,non sussiste con questo hydrogel perché non contiene antibiotici ma nanoparticelle che agiscono disgregando la struttura protettiva del batterio, indebolendolo fino alla sua morte.

3. L'evoluzione:

Questa scoperta è, al pari di quelle sviluppate presso l'Università di Berna, tra le più promettenti e contribuisce ad aprire nuove metodologie terapeutiche. Metodologie che saranno disponibili non appena l'hydrogel, a seguito delle certificazioni sanitarie USA, sarà reso commerciabile da un'importante azienda farmaceutica partner delle ricerche.

37-Lenti con le prestazioni degli occhi di un insetto

Un team dell'Università della Pensilvanya ha creato un nuovo tipo di lenti. Si tratta di un insieme di micro-lenti liquide (compound micro-liquid lenses, CMLL), che si strutturano intorno ad un asse centrale. Il risultato finale è una lente innovativa perché in grado di generare diverse immagini con differenti lunghezze focali oltreché essere estremamente sensibile alla polarizzazione della luce. Le lenti di tipo CMLL sviluppate dall'Università della Pensilvanya dimostrano, per la prima volta, come sia possibile usare lenti liquide per creare un insieme di lenti simili a quelle degli insetti.

1. Cos'è stato innovato?

La peculiarità di queste lenti, rispetto alle altre, risiede sia nelle prestazioni sia nelle dimensioni. Le prestazioni consentono immagini 3D con diversa prospettiva focale e sensibili alle polarizzazione della luce. Le dimensioni possono essere ridottissime.

2. Perché è promettente e perché sta avendo successo?

Quanto ottenuto non solo apre nuovi orizzonti nell'ambito della ricerca ottica ma ha applicazioni pratiche industriali. Lenti come queste sono in grado di migliorare sensibilmente le prestazioni degli apparecchi video-fotografici e quelli di sorveglianza di ultima generazione. Per i primi si tratta di offrire prestazioni, in termini di ripresa video o fotografica, che al momento non sono possibili. Questo perché le lenti degli apparecchi con tecnologia CMLL avranno prestazioni equivalenti a quelle di un occhio. Per gli apparecchi di video sorveglianza la possibilità di agire con una compensazione multi-focale che si adatta alle condizioni di luce e migliora notevolmente le prestazioni dei dispositivi di sorveglianza basati sul riconoscimento oculare. Ovvero di soggetti che modificano o nascondono il loro viso e che sono riconoscibili solo mediante un'analisi dell'immagine degli occhi.

3. L'evoluzione:

Ulteriori applicazioni, secondo il team che ha condotto la ricerca, sono ipotizzabili nel settore delle memorie ottiche come pure delle applicazioni industriali laser in ambiti come quello dei lettori dei codici a barre. Non ultime, ovviamente, le applicazioni per l'oculistica dove queste lenti possono offrire soluzioni sia in termini di lenti bifocali sia di lenti polarizzanti che al momento non esistono.

38-Quando un chip diventa anche una micro - batteria 3D

Negli USA, la Nation Academy of Science (NAS) ha sviluppato una rivoluzionaria micro - batteria 3D che può essere inserita in un chip risolvendo moltissimi dei problemi di durata dei nostri apparecchi elettronici.Fino ad ora è stato un problema la miniaturizzazione delle batterie fino ad essere così piccole da potersi inserire in un micro-chip. La NAS lo ha risolto creando una micro batteria 3D al litio di iodio inseribile in un chip.

1. Cos'è stato innovato?

Quotidianamente aumenta il numero di apparecchi, sempre più piccoli (mini and micro devices, MMD), che sono indispensabili alla nostra vita. Sensori nelle nostre automobili come pure negli impianti industriali piuttosto che domestici, sistemi di comunicazione wireless, apparecchiature mediche di monitoraggio portatili/ impiantabili, macchinari micro-elettronici sono parte, e lo saranno sempre di più, della nostra vita professionale e privata.

2. Perché è promettente e perché sta avendo successo?

Tutte queste apparecchiature hanno in comune il fatto che saranno sempre più miniaturizzate e sempre più bisognose di energia per lungo tempo. Pertanto, poter disporre di una fonte energetica in grado di non ostacolarne la miniaturizzazione a causa della dimensione batteria (da intendersi in questo caso come un limite fisico invalicabile alla miniaturizzazione dell'apparecchio), è un elemento fondamentale per lo sviluppo di apparecchi sempre più performanti.

3. L'evoluzione:

Le soluzioni fino ad oggi offerte dalle batterie ultra-piatte non erano soddisfacenti in quanto sia il potere energetico sia la durata erano insufficienti. Ma, grazie a quanto creato dalla NAS, abbiamo una soluzione innovativa che si basa su un elettrodo tri-dimensionale in grado di garantire sia il potere energetico sia la durata necessaria, aprendo nuove possibilità per la costruzione di apparecchiature sempre più performanti e miniaturizzate.

Note:

Paolo Dealberti